essentials

essentials liefern aktuelles Wissen in konzentrierter Form. Die Essenz dessen, worauf es als „State-of-the-Art" in der gegenwärtigen Fachdiskussion oder in der Praxis ankommt. *essentials* informieren schnell, unkompliziert und verständlich

- als Einführung in ein aktuelles Thema aus Ihrem Fachgebiet
- als Einstieg in ein für Sie noch unbekanntes Themenfeld
- als Einblick, um zum Thema mitreden zu können

Die Bücher in elektronischer und gedruckter Form bringen das Expertenwissen von Springer-Fachautoren kompakt zur Darstellung. Sie sind besonders für die Nutzung als eBook auf Tablet-PCs, eBook-Readern und Smartphones geeignet. *essentials:* Wissensbausteine aus den Wirtschafts-, Sozial- und Geisteswissenschaften, aus Technik und Naturwissenschaften sowie aus Medizin, Psychologie und Gesundheitsberufen. Von renommierten Autoren aller Springer-Verlagsmarken.

Weitere Bände in dieser Reihe http://www.springer.com/series/13088

Christa D. Schäfer

Einführung in die Mediation

Ein Leitfaden für die
gelingende Konfliktbearbeitung

 Springer

Dr. Christa D. Schäfer
Berlin, Deutschland

ISSN 2197-6708   ISSN 2197-6716   (electronic)
essentials
ISBN 978-3-658-15882-8   ISBN 978-3-658-15883-5   (eBook)
DOI 10.1007/978-3-658-15883-5

Die Deutsche Nationalbibliothek verzeichnet diese Publikation in der Deutschen Nationalbibliografie;
detaillierte bibliografische Daten sind im Internet über http://dnb.d-nb.de abrufbar.

Springer ist Teil von Springer Nature
Die eingetragene Gesellschaft ist Springer Fachmedien Wiesbaden GmbH
Die Anschrift der Gesellschaft ist: Abraham-Lincoln-Str. 46, 65189 Wiesbaden, Germany

Was Sie in diesem *essential* finden können

- Wichtige Faktoren zum Begriff Konflikt
- Definition von Mediation
- Erläuterung des Mediationsverfahrens
- Darlegung von Bereichen der Mediation
- Gesellschaftliche Rahmenbedingungen zur Mediation

Inhaltsverzeichnis

Einleitung

1

Konflikte gibt es überall und zu jeder Zeit, konfliktfreie Zonen sind schwer oder nicht möglich. Durch Mediation wird gegenseitiges Verständnis und gemeinsame Verständigung über einen Konflikt möglich. Im Mediationsverfahren kann nachvollzogen werden, wie die Streitparteien den Streit sehen. Es kann deutlich werden, warum ein Satz oder eine Handlung jemanden so tief greifend verletzt hat oder wodurch eine Situation so verfahren erscheint. Durch die Verdeutlichung von Gefühlen und Bedürfnissen werden Handlungen begreifbar. Im Sinne der sozialen Perspektivübernahme wird die Bereitschaft für eine Lösungssuche gefördert. Mediation trägt dazu bei, Konflikte so auszutragen, dass eine für alle Konfliktparteien gute Lösung möglich wird und diese Lösung Realität werden kann – und das in der Familie und im Privaten, im Wohnumfeld, im Wirtschafts- und Arbeitskontext, mit jungen oder älteren Menschen, mit Menschen aus unterschiedlichen Kulturen.

Der Begriff der Mediation hat in Deutschland in der Zwischenzeit einen hohen Bekanntheitsgrad erlangt. Es gibt viele Mediatorinnen und Mediatoren und viele Bereiche, in denen das Verfahren angewandt wird. Dennoch werden viele Konflikte leider immer noch nicht mit Mediation gelöst. Da heißt es Abhilfe zu schaffen, damit Konflikte konstruktiv und kreativ angegangen werden können und nicht zu Verletzungen führen. Es gilt, das Wissen um die Mediation weiter zu verbreiten und die Menschen zu bestärken, dieses Verfahren zu nutzen.

Mit dem Begriff Alternative Dispute Resolution (ADR) bezeichnet man eine zum staatlichen Gerichtsverfahren alternative Streitbeilegungsmethoden. Mediation ist die derzeit wichtigste und meistverbreitete Alternative Streitbeilegungsmethode in Deutschland.

© Springer Fachmedien Wiesbaden GmbH 2017
C.D. Schäfer, *Einführung in die Mediation,* essentials,
DOI 10.1007/978-3-658-15883-5_1

Konflikte   2

Menschen haben unterschiedliche Ansichten, Ziele, Vorlieben, Moral- und Gerechtigkeitsvorstellungen. Schnell können dadurch Konflikte entstehen. Konflikte sind normal und gehören zum Alltag dazu, zum privaten und beruflichen Leben. Jede und jeder hat mal mehr, mal weniger Konflikte. Die Konflikte können größer oder kleiner sein. Es gibt vielerlei Art und Weisen, um Konflikte zu lösen. Einige Wege der Konfliktlösung fordern Gewinner und Verlierer (oder auch Opfer), andere – wie die Mediation – setzen auf Lösungen, die gut und zufriedenstellend für alle Konfliktbeteiligten sind.

Es gibt die Unterscheidung zwischen intrapsychischen und interpersonalen Konflikten. Intrapsychische Konflikte spielen sich innerhalb einer Person ab und können beispielsweise Entscheidungskonflikte sein. Hier kann ein Coaching als klärendes Verfahren unterstützen oder – bei schwerwiegenden intrapsychischen Konflikten – eine Therapie als heilendes Verfahren helfen. Interpersonale Konflikte sind Konflikte zwischen zwei Akteuren, sie werden auch soziale Konflikte genannt und können durch Mediation geklärt werden. Aus intrapsychischen können interpersonale Konflikte entstehen und umgekehrt.

2.1 Definition

Friedrich Glasl hat über Konflikte geforscht und die heute aktuelle Definition des Begriffes „Sozialer Konflikt" geprägt. Dieser Definition nach versteht man unter einem sozialen Konflikt eine zumindest empfundene Unvereinbarkeit von Fühlen, Denken, Wollen und/oder Handeln. Zumindest eine der Parteien erlebt den Umgang mit dieser Differenz derart, dass sie durch das Handeln des anderen Aktors dabei beeinträchtigt wird, eigene Vorstellungen, Gefühle oder Absichten zu leben oder zu

© Springer Fachmedien Wiesbaden GmbH 2017
C.D. Schäfer, *Einführung in die Mediation,* essentials,
DOI 10.1007/978-3-658-15883-5_2

verwirklichen. Die Akteure im Konflikt können Individuen, Gruppen, Organisationen oder sogar Staaten sein. Ein Konflikt kann zwischen zwei Personen auf einem niedrigen Eskalationsniveau stattfinden. Er kann aber auch eine kleinere oder sogar große Gruppe von Personen mit vielfältigen Konfliktlinien und vielschichtigen Konfliktthemen umfassen. Es gibt verschiedene Arten von Konflikten: Bedürfniskonflikte, Beziehungskonflikte, Rollenkonflikte, Strategiekonflikte, Verteilungskonflikte, Wertekonflikte, Zielkonflikte usw.

Menschen reagieren in Konfliktsituationen nicht einheitlich und nutzen zudem unterschiedliche Konfliktstrategien. Konfliktscheue bzw. streitlustige Personen leben zwei extreme Grundhaltungen gegenüber Konflikten. Stark konfliktscheue Personen gehen in die Fluchttendenz, räumen das Feld, werten sich selbst ab, ordnen ihre eigenen Interessen denen anderer unter und sind ängstlich. Stark streitlustige Menschen spüren eine Aggressionstendenz, erleben sich im Konflikt selber sehr stark, walzen andere nieder, verletzen und beleidigen oft, sind egozentrisch, draufgängerisch und verfolgen verstärkt Eigeninteressen. Konfliktstrategien sind durch die Sozialisation mitgegeben, können aber auch bewusst neu erlernt werden.

Konfliktfähige Personen gehen davon aus, dass die an einem Konflikt Beteiligten das Recht auf eine eigene Position haben. Sie verstehen, dass Unterschiede notwendig sind, und dass das Arbeiten an Differenzen bereichert. Sie sehen, dass Konflikte immer eine Chance und ein Vorankommen bieten. Durch die Beschäftigung mit strittigen Sachverhalten gibt es Klarheit und Lösung, können Beziehungen geklärt und intensiviert werden, ist Fortschritt möglich.

2.2   Ebenen eines Konflikts

Mit den verschiedenen Ebenen eines Konfliktes hat sich Christoph Besemer beschäftigt. Als Außenstehende oder Außenstehender kann man einen Konflikt zwar erkennen, nicht aber absehen, was in den Tiefenstrukturen eines Konfliktes steckt. Diese Tiefenstruktur eines Konfliktes besteht aus vier Ebenen (siehe Abb. 2.1). Die oberen zwei bis drei Ebenen können mit Mediation bearbeitet werden.

Während die Mimik und Gestik einer Konfliktparteien im Konflikt zu sehen ist und seine Position samt Stimme und Lautstärke hörbar ist, sind die tiefer liegenden „Hintergründe" des Konfliktes verborgen. Das Bild des Eisbergs zeigt (siehe Abb. 2.2), dass nur ein kleiner Teil eines Konflikts sichtbar, der viel größere Teil aber verdeckt ist.

Abb. 2.1 Ebenen eines Konflikts, Konfliktbearbeitung. (nach Besemer 1999, S. 27)

2.3 Konflikte heiß und kalt

Jede Konfliktpartei hat gewöhnlich den ihr eigenen Umgang mit einem Konflikt. Wenn ein Konflikt jedoch länger währt, so kann sich daraus ein gemeinsamer Verhaltensstil im Umgang mit dem Konflikt herausbilden. Es gibt zwei unterschiedliche Formen der Konfliktaustragung, die mit den Begriffen heißer bzw. kalter Konflikt belegt werden.

In einem heißen Konflikt ist viel Energie vorhanden. Er wird meist impulsiv, emotional, affekthaft und selbstbewusst ausgetragen. Nach Glasl sind die Konfliktparteien in einem heißer Konflikt von ihren eigenen Idealen überzeugt und meinen, dass ihre Ideen besser sind als die der Gegenseite. Darum wollen sie andere Personen zu Anhängern ihres eigenen Ideals machen. Sie stellen ihre eigenen Motive nicht zur Diskussion, übersehen die Gegenseite und überschätzen ihre eigene Kraft. Der Konflikt besitzt eine aufblähende, aufputschende, sich selbst verstärkende Tendenz. Die Parteien streben nach Begegnung und scheuen das Aufeinanderprallen nicht.

In einem kalten Konflikt herrscht Kälte und innere Leere. Die Parteien gehen sich aus dem Weg und reduzieren die Kommunikation auf ein formelles Mindestmaß. Es werden unpersönliche Regeln und Prozeduren etabliert, um so viel wie möglich Kontakt zu vermeiden. In der Regel wird der kalte Konflikt strategisch

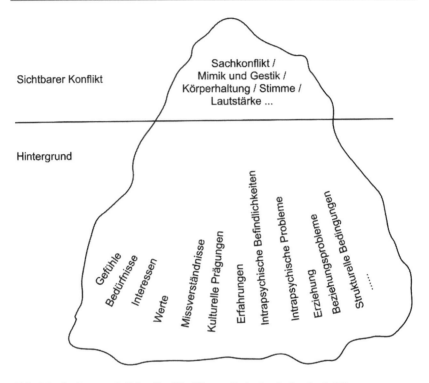

Abb. 2.2 Spektrum möglicher Konflikt-Hintergründe. (nach ebenda, S. 28)

und überlegt ausgetragen. Nach Glasl sind beide Konfliktparteien tief enttäuscht, weitgehend desillusioniert und frustriert. Ein kalter Konflikt führt längerfristig dazu, dass das Selbstwertgefühl verlöscht, jede Partei sich verschließt und Schwere und Erstarrung zu merken ist.

2.4   Mikro-, Meso- und Makrokonflikte

Konflikte können sich in einem sozialen Rahmen unterschiedlicher Größe abspielen. Johan Galtung spricht von dem mikro-sozialen, dem meso-sozialen und dem makro-sozialen Rahmen.

Im mikro-sozialen Rahmen spielt sich ein Konflikt zwischen zwei oder mehreren Einzelpersonen oder in einer kleinen Gruppe ab. Jeder kennt jeden und es ist eine direkte face-to-face-Interaktion möglich. Die Gruppenmitglieder sind bekannt, das Beziehungsgefüge ist meist für alle überschaubar. Der Konflikt kann gut mit den Einzelpersonen oder den Gruppenmitgliedern bearbeitet werden.

Ein Konflikt im meso-sozialen Rahmen bezieht sich auf ein soziales Gebilde mittlerer Größenordnung (Schulen, Verwaltungsbehörden, Institutionen usw.). Innerhalb dieser Organisationen gibt es verschiedene Untergruppierungen (Teams, Abteilungen, Fachbereiche), zwischen deren Gesamtheit der Mitglieder keine direkten Beziehungen möglich sind. Die Kommunikation erfolgt oft über eine beauftragte Person (Teamchef, Abteilungsleiter) als Ansprechpartner. Zur Beziehungskomplexität in der Kleingruppe kommt die Zwischengruppenbeziehung hinzu. Zudem kann es unterschiedliche Interessenlagen innerhalb einer Abteilung oder innerhalb einer aus verschiedenen Abteilungen bestehenden Untergruppierung geben. Mitunter ist die Organisation als solches mit ihren Aufgaben, Zielen, Strukturen usw. selber in den Konflikt verwoben. Zur Konfliktbearbeitung ist es im meso-sozialen Rahmen zunächst erst einmal notwendig, den Fokus des Konflikts zu ermitteln.

Bei einem Konflikt im makro-sozialen Rahmen tritt nochmals eine wesentlich höhere Komplexitätsstufe auf als bei den vorher benannten. Durch ineinander verschachtelte Ebenen wird die Konfliktanalyse und die Planung einer Interventionsstrategie erschwert. Konflikte in diesem Rahmen verselbstständigen sich in der Regel weit von den ursprünglichen Konfliktparteien und beziehen einen erweiterten Personenkreis mit ein. Meist muss deshalb an den Merkmalen der Organisation als solches gearbeitet werden.

Für die Bestimmung des Konflikt-Rahmens ist es wichtig, innerhalb welchen Rahmens sich die Konflikthandlungen abspielen. Interessanterweise ist eine große Zahl von psycho-sozialen Mechanismen bei Konflikten im mikro-sozialen Rahmen den Mechanismen von Konflikten im meso- und makro-sozialen Rahmen ähnlich. Je großräumiger jedoch die Konfliktarena ist, desto komplexer die Situation. Es kommt zur Ausbildung verschiedener Komplexitätsebenen, die einander überlagern, durchdringen und gegenseitig beeinflussen. Deshalb fordert ein großer Rahmen auch ein umfangreicheres Konfliktlöseverfahren.

2.5 Eskalationsstufen

Konflikte haben die Tendenz, eine negative Dynamik zu entfalten und intensiver bzw. „schärfer" zu werden. Ein Konflikt beginnt mit einer Verhärtung und eskaliert anschließend schrittweise. Menschen im Konflikt werden ungeduldig

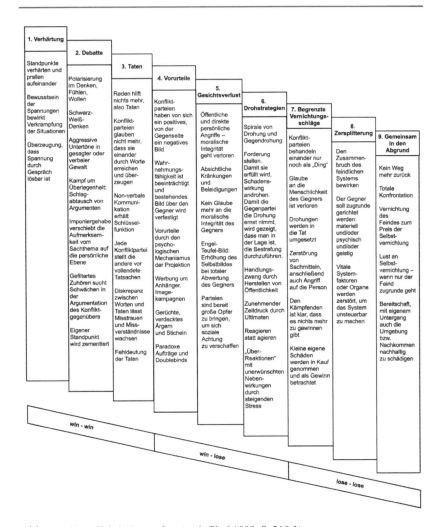

Abb. 2.3   Neun Eskalationsstufen. (nach Glasl 1999, S. 218 f.)

und gereizt, geraten in Stress und bewirken damit beim Gegenüber eine neuer-liche Verärgerung, die ihrerseits wieder zu aggressiven Äußerungen führt. Die Konfliktparteien können zunehmend weniger auf das reale Geschehen schauen und nehmen vielmehr nur noch selektiv diejenigen Aspekte wahr, die ihre Ängste und pessimistischen Erwartungen bestätigen. Dies führt dazu, dass die Konflikt-parteien eine immer höhere Aggressionsbereitschaft verspüren. Es gibt antreibende Mechanismen, die der Konflikteskalation Energie zuführen. So werden immer mehr Streitpunkte in die Auseinandersetzung hineingebracht. Zunehmend werden Simplifizierungen im Aufgreifen der Streitpunkte des Gegenübers vorgenommen. Die Arena weitet sich aus und immer mehr Personen werden in den Streit hineingezogen. Der Streit personifiziert sich, und das Gegenüber wird als „das Schuldige" angesehen. Es vollzieht sich eine pessimistische Antizipation, und die Konfliktparteien rüsten sich für einen schlechten Ausgang. Eine self-fulfilling prophecy führt dazu, dass das erwartete Verhalten der Gegenpartei durch eigenes Verhalten erzwungen wird.

Nach Glasl beginnt ein Konflikt mit einer Verhärtung und schreitet in neun Stufen und einer immer „primitiver" werdenden Auseinandersetzung abwärts (siehe Abb. 2.3). Die Konfliktparteien lassen sich dabei von Denkgewohnheiten, Gefühlen, Motiven und Zielen leiten, die nicht dem Grad ihrer tatsächlichen Reife entsprechen. Auf jeder neuen Eskalationsstufe wird das eigene Verhalten und das des Konfliktgegners weiter eingeschränkt. Glücklicherweise endet eine Eskalation selten damit, dass die Konfliktparteien gemeinsam in den Abgrund gehen. Mit jeder neuen Stufe wird allerdings der Weg zurück schwieriger und die Bearbeitung des Konfliktes komplexer und aufwendiger.

2.6 Psychische und neurobiologische Aspekte

Gerald Hüther und Rudi Ballreich haben sich mit neurobiologischen Aspekten von Konflikten beschäftigt. Das Gehirn strukturiert sich von Anbeginn an durch Erfahrungen. Jedes Ungeborene hat bereits vor der Geburt verschiedene körperliche Grunderfahrungen gemacht: „Ich bin die ganze Zeit gewachsen", so die erste, und die enge Verbundenheit mit der Mutter als die zweite Urerfahrung. Die Erste führt dazu, dass das Kind stetig wachsen und sich entwickeln und die eigenen Potenziale entfalten möchte. Die Zweite führt zur Grunderwartungshaltung, dass jemand da ist, mit dem man sich verbunden fühlen kann. Werden diese beiden Bedürfnisse nicht erfüllt, so entsteht im Gehirn und im ganzen Körper eine negative starke Erregung. Hirnscans zeigen, dass in solchen Situationen dieselben Gehirnstrukturen aktiviert sind, die auch beim körperlichen Schmerz aktiv sind.

Konflikte bedeuten Anspannung. Bei Nichterfüllung elementarer Bedürfnisse (Wachstum, Anerkennung, Wertschätzung, Gerechtigkeit, Autonomie, Zugehörigkeit …) geht der Körper in die „Alarm-Angst". Hat eine Konfliktpartei die Zuversicht, mit der Situation gut umgehen zu können, so bleibt die Selbststeuerung, und der Körper kommt in eine kontrollierte Stressreaktion, Herausforderung ist angesagt. Kommt eine Konfliktpartei in den Überforderungsmodus, so wird dies als Ohnmacht erlebt, die Selbststeuerung geht verloren, es entsteht eine unkontrollierte Stressreaktion. In Sekundenschnelle setzt der Überlebensinstinkt des Organismus ein. Atmung, Muskulatur, Blutgerinnung, Verdauung werden durch die Ausschüttung von Hormonen und anderen Botenstoffen so verändert, dass starke Anforderungen im physischen Kampf oder bei Flucht bewältigt werden könnten. Eine von drei instinktiven Reaktionsformen tritt mit den dazugehörigen Stressemotionen in den Vordergrund: 1) Wut (Aggression) und Kampfimpuls, 2) Angst und Fluchtimpuls oder 3) Lähmung und Todstellimpuls.

Es kommt zu stressbedingten Veränderungen der psychischen Funktionen mit Veränderungen im Wahrnehmen, Denken, Fühlen, Wollen sowie einer Veränderung im Verhalten.

- Veränderungen im Wahrnehmen: Selektive Wahrnehmung der Konfliktereignisse (übersehen, überhören, filtern, verzerren), Röhrenblick mit eingeschränkter Perspektive, nur Naheliegendes sehen, Denkmuster bestimmen die Wahrnehmung
- Veränderungen im Denken: Verlust der Besonnenheit, Schwarz-Weiß-Denken (Engel – Teufel), Eigenes Denken wird verabsolutiert, Verallgemeinerungen, Pauschalisierungen, Zuschreibungen, Verdächtigungen, Vorurteile, Kurzschlüsse, Missverständnisse durch Fehlinterpretationen
- Veränderungen im Fühlen: Verlust der Empathiefähigkeit, Angst als Basisemotion, Abspaltung von Gefühlsbereichen (Gefühlskälte, Explosive Gefühlsausbrüche), Bedrohungserlebnis, Ohnmachtserleben, Empfindlichkeit, Unsicherheit, Misstrauen, Schutzpanzer der Unempfindlichkeit, Missverständnisse durch Fehlinterpretationen
- Veränderungen im Wollen: Willenssteuerung durch den Überlebenstrieb, Absolute Ego-Zentrierung, Sturheit, Zwanghaftigkeit, Radikalisierung, Regression
- Veränderungen im Verhalten: Keine Besinnungspause vor dem Handeln, Vorwürfe, Angriffe, Frühkindliche Bewältigungsstrategien steuern das Verhalten (schreien, krank werden, verstummen, Kontaktabbruch), Archaische Notfallprogramme steuern das Verhalten (angreifen, flüchten, tot stellen) *(nach Hüther, Ballreich, Beiheft zur DVD, S. 11 f.)*

Ist in einer Konfliktsituationen eine Überforderungs- oder Stresssituationen entstanden, so verlagert sich die Aktivität des Gehirns in „tiefere Schichten", die in der Evolution früher entstanden sind, und in denen Angst und Ohnmacht verortet sind. Diese Fahrstuhlfahrt in die tieferen Schichten kennt drei Stufen: Fixierung durch Vorerfahrungen, frühkindlich erworbene Überlebensmuster, archaische Notfallprogramme. Alle drei Programme sind hilfreich, weil sie das Überleben sichern. Sie sind jedoch zugleich auch hinderlich, weil sie viel Schaden anrichten können. Konfliktbewältigung heißt nun, diese archaischen Kräfte zu bändigen und ihre Energien durch bewusste Führung in positive Bahnen zu lenken. Genau das tut die Mediation.

Mediation 3

3.1 Entstehung

Die Mediation ist ein neues Verfahren mit langer Tradition. Die Wurzeln reichen auf Jahrhunderte alte Traditionen verschiedener Kulturen zurück und liegen in China und Japan, im antiken Griechenland, in Afrika, Jordanien, Lateinamerika, Spanien und in der Bibel. Einwanderer brachten das Wissen um diesen Ansatz der Vermittlung in die USA.

Die Bürger der USA erlebten in den 1960er Jahren eine spannungsgeladene Zeit: Bürgerrechtsbewegung, Vietnamproteste, Studenten-Unruhen und vieles mehr. 1964 gründete das amerikanische Justizministerium den Community Relations Service zur Lösung von Konflikten und Diskriminierungen rassistischer, ethnischer oder nationaler Art durch Mediation und Verhandlung. In den 70er Jahren wurden viele Neighbourhood Justice Centers gegründet, die ein kostenfreies oder kostengünstige Mediationsangebot bereit hielten.

In Deutschland wird Mediation seit Ende der 1980er Jahre entwickelt und genutzt. PädagogInnen und JuristInnen lernten die Mediation in den USA kennen und brachten sie nach Deutschland. Ausbildungscurricula wurden entwickelt, Öffentlichkeitsarbeit machte das Verfahren bekannt, Verbandsarbeit sicherte die Qualität. Anfangs hauptsächlich im Trennungs- und Scheidungsbereich sowie im Schulwesen Berlins, gehört die Mediation heutzutage in vielen weiteren Bereichen und in ganz Deutschland (fast) zum Standard. Am 21.07.2012 tritt das Mediationsgesetz in Deutschland in Kraft, am 01.09.2017 die zugehörige Verordnung über die Aus- und Fortbildung von zertifizierten MediatorInnen.

© Springer Fachmedien Wiesbaden GmbH 2017
C.D. Schäfer, *Einführung in die Mediation,* essentials,
DOI 10.1007/978-3-658-15883-5_3

3.2   Definition Mediation

Mediation ist ein strukturiertes Verfahren der außergerichtlichen Konfliktrege-
lung. Das Verfahren ist durch Vertraulichkeit, Selbstverantwortlichkeit und Ergebnisoffenheit gekennzeichnet. Mediatorinnen und Mediatoren (unabhängige Dritte)
handeln allparteilich, verfügen über ein professionelles Konfliktverständnis, sind
frei von Kontextverantwortung und steuern den Mediationsprozess. Mediandinnen und Medianden (die Konfliktparteien) sind für den Inhalt in der Mediation
verantwortlich und suchen eine für sie passende und tragfähige Win-win-Lösung.
In der Regel basiert das Mediationsverfahren auf Freiwilligkeit. Der Mediationsprozess befähigt die Konfliktparteien zu einem gemeinsamen Umgang mit einem
oder mehreren Konfliktthemen und führt zur Klärung von Sachthema und Beziehung. Je nach Zielstellung der Mediation wird auch die Konfliktkompetenz der
MediandInnen gestärkt.

3.3   Grundlagen

Theorie und Praxis der Mediation haben ihre fachlichen Grundlagen in verschiedenen Fachgebieten. Neben den eben bereits vorgestellten Erkenntnissen aus der
Konfliktforschung hier einige weitere Grundlagen.

3.3.1   Humanistische Psychologie

Die Humanistische Psychologie versteht sich neben dem Behaviorismus und der
Psychoanalyse als „dritte Kraft" der Psychologie. Das Besondere dieser Richtung
ist, dass sie den Menschen als aktiv nach Anerkennung und Selbstverwirklichung,
nach einem erfüllten Leben strebende Person ins Zentrum der Aufmerksamkeit
stellt. Zu den Grundannahmen gehört, dass der Mensch mehr ist als die Summe
seiner Teile, dass er in zwischenmenschlichen Beziehungen lebt, bewusst lebt und
seine Wahrnehmungen schärfen kann. Der Mensch ist vor allem auch fähig zu
wählen, zu entscheiden und kreativ zu sein. Er strebt nach konstruktiver Veränderung und Erfüllung.

Carl Rogers, amerikanischer Psychologe, ist mit seiner Klientenzentrierten Psychotherapie (auch Gesprächspsychotherapie oder Nondirektive Therapie
genannt) ein Vertreter der Humanistischen Psychologie. Er betont die Einzigar-
tigkeit des Individuums und sah von Grund auf das Gute im Menschen. Wichtig

war für Rogers die Prämisse, dass im Menschen eine angeborene und natürliche Kraft für ein psychisches Wachstum angelegt ist und alle Fähigkeiten zur vollen Entfaltung drängen. Ein Therapeut hat nach Rogers die Aufgabe, eine positive Beziehung zwischen sich und dem Klienten bzw. der Klientin aufzubauen, die Stabilität und Sicherheit gewährt und von Empathie, Wertschätzung und Kongruenz/Stimmigkeit geprägt ist.

Abraham Maslow, amerikanischer Psychologe, ist ebenfalls Gründungsvater der Humanistischen Psychologie. Er ist vor allem durch die von ihm entwickelte 5-stufige Bedürfnispyramide bekannt geworden, die ein Entwicklungsmodell der Hierarchie menschlicher Bedürfnisse darstellt (siehe Abb. 3.1). Maslow betont, dass manche Bedürfnisse Priorität vor anderen haben. An der Basis der Pyramide stehen darum grundlegende physiologische Bedürfnisse, an oberster Stelle die Selbstverwirklichung. Ferner nimmt er eine Gruppierung vor in Defizit- bzw. Mangelbedürfnisse und Wachstumsbedürfnisse.

Konstruktivismus

Verschiedene philosophische Strömungen im 20. Jahrhundert können mit dem Begriff des Konstruktivismus belegt werden. Der Konstruktivismus geht davon aus, dass ein erkannter Gegenstand erst vom Betrachter durch den Vorgang des Erkennens konstruiert wird. Paul Watzlawick, Kommunikationswissenschaftler, Psychotherapeut, Soziologe und Philosoph, ist ein bekannter Vertreter des radikalen Konstruktivismus, einer in den 1970er Jahren entstandenen Strömung des

Abb. 3.1 Bedürfnispyramide nach Maslow

Konstruktivismus. Er wurde bekannt mit Büchern wie „Die erfundene Wirklichkeit" oder „Wie wirklich ist die Wirklichkeit".

Der radikale Konstruktivismus geht davon aus, dass eine Wahrnehmung von Wirklichkeit kein Abbild einer bewusstseinsunabhängigen Realität darstellt. Realität ist vielmehr für jedes Individuum immer eine Konstruktion aus Sinnesreizen und Gedächtnisleistung. Objektivität im Sinne einer Übereinstimmung von wahrgenommenem (konstruiertem) Bild und Realität ist insofern unmöglich. Jede Wahrnehmung ist vollständig subjektiv.

Damit ist aus der Sicht des radikalen Konstruktivismus auch klar, dass Wissen über eine (Konflikt-)Situation nur als Konstruktion eines einzelnen Individuums vorliegt. Andere Individuen haben zwar auch Wissen von der gleichen Situation, aber ihre eigenen Konstruktionen darüber. Hierdurch wird ersichtlich, dass zwei Personen zu einer Konfliktsituation eindeutig zwei unterschiedliche Wirklichkeitskonstruktionen haben können (zwei Sichtweisen im Konflikt).

Watzlawick weist auch darauf hin, dass der konsequente Versuch, ein Problem zu vermeiden es in Wirklichkeit verstetigt. Hierzu erzählt er in seinem Buch „Anleitung zum Unglücklichsein" von einem Mann, der alle zehn Sekunden in die Hände klatscht. Nach dem Grund für dieses merkwürdige Verhalten befragt, erklärt der Mann: „Um die Elefanten zu verscheuchen." Auf den Hinweis, es gebe hier doch gar keine Elefanten, antwortet der Mann: „Na, also! Sehen Sie?"

Bekannt ist auch die Geschichte von dem Mann mit dem Hammer, die zeigt, dass wir selten direkt auf das reagieren, was wir wahrnehmen, sondern auf unsere Erinnerungen, Bewertungen und Interpretationen: Ein Mann will ein Bild aufhängen. Den Nagel hat er, nicht aber den Hammer. Der Nachbar hat einen. Also beschließt unser Mann, hinüberzugehen und ihn auszuborgen. Doch da kommt ihm ein Zweifel: Was, wenn der Nachbar mir den Hammer nicht leihen will? Gestern schon grüßte er mich nur so flüchtig. Vielleicht war er in Eile. Vielleicht hat er die Eile nur vorgeschützt, und er hat was gegen mich. Und was? Ich habe ihm nichts getan; der bildet sich da etwas ein. Wenn jemand von *mir* ein Werkzeug borgen wollte, ich gäbe es ihm sofort. Und warum er nicht? Wie kann man einem Mitmenschen einen so einfachen Gefallen abschlagen? Leute wie dieser Kerl vergiften einem das Leben. Und dann bildet er sich noch ein, ich sei auf ihn angewiesen. Bloß weil er einen Hammer hat. Jetzt reicht's mir wirklich. – Und so stürmt er hinüber, läutet, der Nachbar öffnet, doch bevor er „Guten Tag" sagen kann, schreit ihn unser Mann an: „Behalten Sie Ihren Hammer".

Systemisches Denken und Handeln
Der Konstruktivismus hat die Basis für den Systemischen Ansatz gelegt, in dem Systeme zur Grundlage des Beobachtens und Denkens gemacht werden. Die systemische Therapie ist darauf aufbauend ein recht junger Ansatz der Psychotherapie, der Anfang der 1980er Jahre entstanden ist und in der Weiterentwicklung

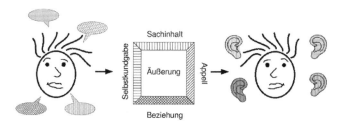

Abb. 3.2 Das Kommunikationsquadrat. (nach Schulz von Thun)

der Familientherapie steht. Dabei gibt es nicht den einen systemischen Ansatz, sondern vielfältige systemische Strömungen.

Systemisches Denken verlässt ein linear-kausales Ursache-Wirkungsprinzip und weist eine Ressourcen- und Lösungsorientierung auf. Es geht davon aus, dass sich jeder Mensch ein Glaubenssystem (= „Landkarte") aufbaut und neue Informationen dort einordnet. Störungen sind Impulse, die zur Veränderung anregen. Die lösungsorientierte Strömung richtet das Augenmerk weg vom problemzentrierten hin zum lösungszentrierten Denken. Idealerweise kann dabei der Lösungsraum sogar vergrößert werden („den Kuchen vergrößern"). Jeder Person wird die Fähigkeit zugeschrieben, ihr Problem selbst zu lösen: „Wer ein Problem hat, hat auch die Lösung." Im systemischen Beratungskontext sieht man den Beratenden als Partner des Kunden, der mit diesem zusammen Lösungen konstruiert.

3.3.2 Kommunikationspsychologie

Mediation bezieht maßgebliche Forschungsergebnisse zur menschlichen Kommunikation mit ein und basiert stets auf dem neusten Stand der Kommunikationspsychologie.

Paul Watzlawick ist der „Urvater" der Kommunikationstheorie. Er schrieb, dass Kommunikation aus Worten besteht, aber auch aus paralinguistischen Phänomenen (Tonfall, Schnelligkeit, Pausen, Lachen …), Körperhaltung, Ausdrucksbewegungen (Körpersprache) – also Verhalten jeder Art – innerhalb eines bestimmten Kontextes. Er nennt einen wechselseitigen Ablauf von Mitteilungen (also ein Gespräch) auch Interaktion und erfasst Strukturen von Interaktionen. Seine sechs Axiome haben die gesamte folgende Kommunikationstheorie geprägt. Beispielsweise stammen folgende zwei Feststellungen von Watzlawick: „Man kann nicht *nicht kommunizieren*" und „Jede Kommunikation enthält einen Inhalts- und einen Beziehungsaspekt".

Friedemann Schulz von Thun hat verschiedene kommunikationstheoretische Modelle entwickelt. Das wahrscheinlich bekannteste Modell ist das Kommunikationsquadrat (siehe Abb. 3.2). Schulz von Thun geht in diesem Modell der interpersonalen Kommunikation davon aus, dass eine Nachricht vier Seiten (Aspekte) beinhaltet: Sachverhalt, Selbstoffenbarung, Beziehung und Appell. Eine beliebige Nachricht beinhaltet sowohl beim Codieren als auch beim Decodieren alle vier Aspekte. Jeder Sender, der seine Nachricht schickt, verpackt bewusst oder unbewusst in der Aussage die genannten Aspekte. Jeder Empfänger interpretiert die Nachricht und hat prinzipiell die Auswahl, auf welchen Aspekt der Nachricht er besonders hören will. Man spricht umgangssprachlich auch von den vier Schnäbeln und den vier Ohren in der Kommunikation.

Die innere Reaktion auf eine Nachricht besteht aus einem Wechselwirkungsprodukt zwischen der gesendeten Nachricht und dem psychischen Boden, auf den diese fällt. Ein von einer Person bedenkenlos geäußerter Satz könnte bei einem Gegenüber eine „explosive Reaktion" hervorrufen. Schulz von Thun beschreibt, dass es drei verschiedene Vorgänge sind, aus denen sich die innere Reaktion eines Empfängers aufbaut: Erstens wird etwas wahrgenommen, zweitens dies interpretiert, d. h. mit Bedeutung versehen, und drittens wird diese (richtig oder falsche) Interpretation mit einem eigenen Gefühl beantwortet. Erst dann kommt die Reaktion auf einen Satz oder ein Verhalten.

Manfred Prior hat sich mit 15 kleinen Interventionen in der Sprache beschäftigt, die zu großer Wirkung führen können. Er weist auf Gesprächskiller wie „immer" und „nie" hin, gibt jedoch auch viele subtile Hinweise zur Sprache im professionellen Kontext. So macht es einen großen Unterschied ob der Mediator sagt „Ich habe gehört, dass Sie sich ständig streiten", oder ob er sagt: „Wie ich von Ihnen gehört habe, haben Sie sich in der Vergangenheit viel gestritten". Von den Medianden negativ geäußerte Sätze können vom Mediationsteam versehen werden mit dem Wort „Sondern" und dem Satz „Sie wollen also nicht mehr sondern …?" Prior hat auch den Begriff der VW-Regel geprägt: Hinter jedem Vorwurf steckt ein Wunsch, und es ist gut, in der Mediation geäußerte Vorwürfe in gegenseitige Wünsche umformulieren zu lassen.

3.3.3   Gewaltfreie Kommunikation

Marshall B. Rosenberg hat die Theorie der Gewaltfreien Kommunikation (GfK) auf der Grundlage der klientenzentrierten Gesprächstherapie Carl Rogers entwickelt. Er bietet mit der GfK ein Modell, in dem die drei Kriterien der

Klientenzentrierten Gesprächstherapie (Empathie, Sympathie, Authentizität) in der alltäglichen und der professionellen Kommunikation umgesetzt werden können. Viele Mediatorinnen und Mediatoren berufen sich heutzutage auf die GfK als Grundelement der Mediation.

Rosenbergs Ausführungen nach arbeitet eine lebens-ent-fremdende Kommunikation stark mit moralischen Urteilen. Der Wolf symbolisiert für Rosenberg diese Sprache, die durch Vorwürfe, Herabsetzungen, Grenzüberschreitungen und Verletzungen gekennzeichnet ist.

Die gewaltfreie Kommunikation hingegen geht davon aus, dass die Bedürfnisse eine tragende Rolle in Kommunikation und Verhalten eines Menschen einnehmen. Jeder Mensch ist gern bereit, etwas für einen anderen Menschen zu tun, sofern bestimmte Bedingungen erfüllt sind. Gewalt und schädigende Aktionen eines Individuums sind nicht als Ausdruck eines inneren Wesens zu werten, sondern als missglückter Versuch ein Bedürfnis auszudrücken. Jedes Bedürfnis dient dem Leben.

Der Aufbau einer wertschätzenden Beziehung ist das oberste Ziel der GfK. Empathie ist wichtige Voraussetzung für Wertschätzung und meint einfühlendes Verstehen. Empathie ist zudem auf Gefühle und Bedürfnisse gerichtet, die hinter Handlungen und Positionen stehen. Die Giraffe steht für die Sprache, die dazu befähigt, Verantwortung für die eigenen Anliegen zu übernehmen. Gefühle zeigen, ob ein Bedürfnis erfüllt oder nicht erfüllt ist. Gefühle sind die Kinder der Bedürfnisse, so Rosenberg.

Rosenberg hat die Gewaltfreie Kommunikation in vier Schritten angelegt.

1. Beobachtung statt Bewertung
2. Gefühle statt Gedanken
3. Bedürfnisse statt Strategien
4. Bitten statt Forderungen

Wird ein GfK-Satz gebildet, so kann dieser folgendermaßen lauten: „Wenn ich A sehe, dann fühle ich B, weil ich C brauche. Deshalb möchte ich jetzt gerne D." Die Vierschrittigkeit liegt – grob gesagt – auch hinter den Phasen der Mediation. Und insofern ist die GfK für viele MediatorInnen eher weniger eine Methode, als vielmehr eine Haltung.

3.3.4   Das Harvard-Modell des Verhandelns

Roger Fisher und William Ury haben in den 80er Jahren an der Harvard Law School im Rahmen eines Projektes geforscht, was effizient und erfolgreich Verhandelnde im Gegensatz zu denen tun, die weniger erfolgreich sind. Fisher entwickelte die Strategie des prinzipiengeleiteten Verhandeln und schrieb mit Ury zusammen den Bestseller „Getting to Yes".

Verhandeln ist Bestandteil unseres Lebens, es ist eine Grundform, um Gewünschtes von anderen Leuten zu bekommen. Die zugrunde liegende Kommunikation hat das Ziel, eine Übereinkunft mit einer anderen Seite zu erreichen, die auf gemeinsamen oder auch gegensätzlichen Interessen basiert. Die meisten Menschen kennen nur zwei Verhandlungsarten: eine harte und eine weiche. Der dritte, von Fisher und Ury propagierte Weg, ist die Methode des sachbezogenen Verhandelns. Kurz zusammengefasst ist diese Verhandlungsmethode hart in der Sache aber weich zu den Menschen.

Vier wesentliche Prinzipien prägen das sach- und menschengerechte Verhandeln und führen zu einer offenen und ehrlichen Verhandlung.

1. Menschen: Menschen und Probleme getrennt voneinander behandeln.
2. Interessen: Nicht Positionen sondern Interessen in den Mittelpunkt stellen.
3. Möglichkeiten: Vor der Entscheidung verschiedene Wahlmöglichkeiten entwickeln.
4. Kriterien: Das Ergebnis auf objektiven Entscheidungsprinzipien aufbauen.

Verhandlungspartner sind Menschen, sie werden von Gefühlen geleitet, haben tief verwurzelte Werte, vertreten ähnliche oder gegensätzliche Standpunkte und sind nicht im Voraus „berechenbar". Zudem haben Verhandlungspartner zwei Grundinteressen, ein Interesse bezieht sich auf den Verhandlungsgegenstand, ein anderes auf die persönliche Beziehung zum Verhandlungspartner. Meist passiert es, dass sich die sachliche Auseinandersetzung um ein Thema schnell mit der persönlichen Beziehung mischt. Emotionen können in eine Sackgasse des Gesprächs führen. Über Gefühle sprechen ist gut, jemanden in seinen Gefühlen zu verletzen jedoch nicht. Vorwürfe fordern zur Verteidigung heraus, während vorwurfsfreies Verhandeln einer Lösung zuträglich ist.

Ein Verharren auf Positionen bringt keine für beide Personen zufriedenstellende Lösung. Der Unterschied zwischen Positionen und dahinter liegenden Interessen ist wesentlich. Interessen motivieren die Menschen und sind die eigentlichen Beweggründe für Handlungen. Jeder Verhandlungspartner hat meist mehrere Interessen. Gegenseitige Positionen müssen nicht Ausdruck eines Gegeneinanders sein. Für eine Win-win-Lösung ist vielmehr neben gemeinsamen Interessen oft auch die Unterschiedlichkeit von sich ergänzenden Interessen nützlich.

Oftmals haben die Verhandelnden die Annahme, dass der „Kuchen" als die Menge der Lösung begrenzt sei. Die kreative Entwicklung von Wahlmöglichkeiten und Alternativen beispielsweise durch ein Brainstorming kann dazu führen, dass sich „der Kuchen vergrößert". Die Suche nach Optionen zum beiderseitigen Vorteil bringt oft den „Durchbruch" in Verhandlungen. Ein gemeinsames Ziel lässt die Verhandlungen flüssiger werden.

Das Heranziehen neutraler Kriterien unterstützt beim „Verflüssigen" von Positionen. Je stärker Kriterien der Fairness, der Effektivität und Sachbezogenheit berücksichtigt werden, desto wahrscheinlicher werden faire Resultate und eine Win-win-Lösung für ein Verhandeln im Konflikt.

Das Harvard-Modell ist für die Mediation wichtig, weil es in der vierten und letzten Phase immer um das Verhandeln einer Lösung geht. Zudem bietet auch das Harvard-Konzept so etwas wie eine Haltung für den Bereich der Mediation. Während die Gewaltfreie Kommunikation mit dem Begriff „Bedürfnis" eher für soziale Kontexte geeignet scheint, bietet sich das Harvard-Konzept eindeutig für den Businessbereich an.

3.4   Grenzen und Abgrenzung zu anderen Verfahren

Natürlich gibt es auch Konflikte, die für eine Mediation nicht geeignet sind:

- Bei Konflikten, in denen Gewalt mit im Spiel ist, muss zunächst für den Schutz der Beteiligten gesorgt werden.
- Gibt es in einem Konflikt eindeutig einen Täter und ein Opfer, so ist das mediationsähnliche Verfahren des Täter-Opfer-Ausgleichs zu wählen.
- Für Mobbing gibt es in der Zwischenzeit verschiedene Verfahren, die gut geeignet sind; manche MediatorInnen lehnen Mediation deshalb für diesen Fall ab.
- Der Mediationsprozess baut auf die Eigenverantwortlichkeit der Medianden, deshalb muss verschiedentlich geschaut werden, ob Mediation das geeignete Verfahren ist – dies betrifft beispielsweise eine schwere psychische Störungen, Sucht oder Demenz einer Konfliktpartei.

Auch die Beschaffenheit oder Tiefe eines Konfliktes kann dafür sorgen, dass ein anderes Verfahren dem Mediationsverfahren vorgezogen werden sollte. Häufig stellen sich Paare die Frage, ob sie in die Mediation oder in die Paartherapie gehen sollen. Mediation grenzt sich eindeutig von der Therapie ab. Mediation schaut in der Regel weniger in die Vergangenheit als vielmehr in die Zukunft. Zudem taucht ein Mediatorenteam – wenn man an den Eisberg denkt – nur ein wenig unter der Wasseroberfläche, während in der Therapie in der Regel das Gebiet unter dem Eisberg intensiver ausgeleuchtet wird. Und schließlich gilt, dass die Therapie oft länger dauert, während die Mediation ein Verfahren ist, das zielgerichtet arbeitet. Dennoch kann gesagt werden, dass es zwischen Therapie und Mediation durchaus eine Grauzone gibt, in der gefragt werden kann, ob das Verfahren mehr dem einen oder dem anderen zugehörig ist. Und übrigens gilt: Mediation ist keine Therapie, kann aber mitunter therapeutische Effekte haben.

Wichtig ist auch zu wissen, dass Mediation bei Bedarf in andere Formate integriert werden kann. Gibt es beispielsweise in einer Teamsupervision einen Konflikt, und ist die Supervisorin oder der Supervisor in Mediation ausgebildet, so wird sie oder er das Verfahren der Mediation zur Lösung dieses Konfliktes nutzen und anschließend mit supervisorischen Elementen fortfahren. So kann Mediation auch im Gruppencoaching, im Training, in der Paartherapie o. ä. genutzt werden.

Mediation ist keine Rechtsberatung, und Mediation unterscheidet sich auch vom Schlichtungsverfahren. Eine Schlichtung ist eine außergerichtliche Beilegung eines Rechtsstreites durch eine neutrale Schlichtungsperson. Die Schlichterin bzw. der Schlichter kann – anders als eine Mediatorin oder ein Mediator – eine Konfliktlösung oder einen Kompromiss vorschlagen. In neuerer Zeit wird eine Schlichtung auch häufig in Form einer Mediation durchgeführt, und die SchlichterInnen setzen Methoden der Mediation ein. Viele Verbände oder große Vereine haben eine Schlichtungsstelle für Streitfälle eingerichtet, so gibt es Ärztliche Schlichtungsstellen, Schlichtungsstellen für den Öffentlichen Personenverkehr usw.

Mediationsverfahren 4

4.1 Prinzipien

Mediation genügt verschiedenen Grundsätzen:

- Allparteilichkeit: Die MediatorInnen sind allparteilich.
- Freiwilligkeit: Die Medianden nehmen freiwillig am Prozess teil.
- Verantwortlichkeiten: Die MediatorInnen haben Prozessverantwortung, die Medianden sind für den Inhalt verantwortlich und erarbeiten die Abschlussvereinbarung.
- Vertraulichkeit: Mediation ist vertraulich, d. h. MediatorIn und Medianden sind zur Verschwiegenheit verpflichtet.
- Mediation ist ressourcenorientiert, verläuft prozess- und zielorientiert sowie ergebnisoffen.

In einigen Mediationsverfahren sind nicht alle Prinzipien realisierbar. Wie sieht es beispielsweise mit der Freiwilligkeit aus, wenn eine Mediation durch einen Firmenchef angeordnet wurde? Wichtig ist es dann, dass die MediatorInnen so arbeiten, dass sich die Freiwilligkeit bei den Medianden einstellt.

4.2 Mediative Haltung

Mediatorinnen und Mediatoren müssen für ihre Arbeit eine Mediative Haltung erwerben. Das bedeutet, dass sie die verschiedenen Sichtweisen der Konfliktparteien anerkennen und gemäß den Prinzipien und Leitlinien einer Mediation arbeiten (Allparteilichkeit, Ergebnisoffenheit, Freiwilligkeit, Selbstverantwortung der

© Springer Fachmedien Wiesbaden GmbH 2017
C.D. Schäfer, *Einführung in die Mediation,* essentials,
DOI 10.1007/978-3-658-15883-5_4

Medianden, Vertraulichkeit). Weitere wesentliche Merkmale einer mediativen Haltung sind die Offenheit für die Medianden und den Prozess, sowie Respekt und die Wertschätzung aller Parteien.

4.3   Organisation

Es gibt unterschiedliche Modelle zur Durchführung eines Mediationsverfahrens. Die Organisation des Verfahrens obliegt der Mediatorin bzw. dem Mediator in Absprache mit den MediandInnen.

Zeit

Im Familien- sowie im sozialen Kontext wird eine Mediationssitzung meist in Einheiten von 1,5 bis 3 h durchgeführt. In der Arbeit mit Teams und Gruppen sowie in der Wirtschaftsmediation bietet es sich mitunter an, vier Stunden oder auch 1,5 bis 3 Tage gemeinsam in einer Mediation zu arbeiten.

Auch die Dauer eines Mediationsverfahrens ist unterschiedlich lang. Zu Beginn einer Mediation kann meist eine grobe Prognose der notwendigen Sitzungen angegeben werden, jedoch nicht die genaue Dauer der Mediationszeit. Die Anzahl der Mediationssitzungen richtet sich nach der Anzahl der Themen, der Anzahl der Medianden, nach der Eskalationsstufe des oder der Konflikte sowie der Tiefe der Konfliktbearbeitung. Wenige Konflikte sind bereits nach 1,5 h gut und abschließend bearbeitet, für andere Konflikte werden 8 Sitzungen mit je 1,5 h benötigt, und es schließt sich eine Therapie zur weiteren Bearbeitung an. Umweltmediationen und Mediationen im öffentlichen Raum haben oft eine sehr große Teilnehmeranzahl und können bis zu 2 oder 3 Jahren dauern.

Die meisten MediatorInnen legen die Mediationssitzungen in einen variabel gestalteten Zeitzyklus. Beginnend mit einer dicht gestaffelten Abfolge der Mediationssitzungen weitet sich der zeitliche Raum zwischen den Sitzungen gegen Mediationsende weiter aus.

Ort

Mediationen finden günstigerweise in einem „neutralen Raum und Rahmen" statt. Dies ist üblicherweise ein außerhalb des Systems liegender Ort, wie beispielsweise der Raum des Mediators oder ein angenehm eingerichteter Besprechungs- oder Tagungsraum in einem Hotel. Ist dies nicht möglich, so kann auch ein Raum innerhalb der die Mediation anfragenden Institution genutzt werden, falls er nicht einer der Streitparteien zugeschrieben werden kann. Manchmal gibt es einen nett gestalten Aufenthaltsraum oder einen Besprechungs- oder Tagungsraum, manchmal die kleine Turnhalle einer Kita, oder auch einen Gemeindesaal, der für die Zwecke der Mediation gut vorstellbar ist.

Dieser Raum ist idealerweise mit einem runden Tisch, einer genügenden Anzahl von Stühlen, einem Flipchart mit Papier, einem Moderationskoffer und einer Pinnwand bestückt. Natürlich kann auch an einem viereckigen Tisch oder ganz ohne Tisch gearbeitet werden, können die Papiere oder Moderationskarten auf dem Boden ausgelegt oder an die Wand geheftet werden, kann eine Mediation im Wohnzimmer einer Familie stattfinden. Wichtig ist, dass der Stil des Ortes sich den Medianden anpasst.

Co-Mediation

Eine Mediation kann von einer Mediatorin oder einem Mediator alleine durchgeführt werden. Mitunter bietet es sich an oder ist gar unerlässlich, einen Fall in Co-Mediation (mit zwei oder mehreren MediatorInnen) zu bearbeiten.

Es ist günstig in die Co-Mediation zu gehen, wenn die Sachlage und Konfliktkonstellation des Falles dies erfordert oder die MediatorInnen diese Arbeitsform bevorzugen. Folgende Erfordernisse können für Co-Mediation sprechen:

• Große Anzahl von Konfliktparteien
• Vielzahl und Vielschichtigkeit von Konflikten
• Hoher Eskalationsgrad im Konflikt
• Unterschiedliche Feldkompetenzen erbeten
• Sowohl rechtliche als auch psychosoziale Kompetenz gefragt

Manchmal ist es günstig, wenn die MeditatorInnen die MediandInnen bereits mit ihrer Person spiegeln. Eine Paarmediation wird beispielsweise gewinnbringend von zwei MediatorInnen durchgeführt. Unterschiedliche kulturelle Hintergründe der Medianden legen es mitunter nahe, dass die MediatorInnen auch aus diesen Kulturkreisen stammen und/oder die entsprechenden Herkunftssprachen sprechen. In manchen Mediationen ist ein Dolmetscher zur sprachlichen Verständigung notwendig.

Co-Mediation hat viele Vorteile (gemeinsame Vor- und Nachbereitung der Mediation, gegenseitige Unterstützung, vier Augen und Ohren sehen und hören mehr als zwei, Entlastung, Möglichkeit des kollegialen Austauschs, Möglichkeit der Nutzung eines größeren Methodenpools, Ballung an Kompetenz …), hat aber auch Nachteile (mehr Kosten, mehr notwendige Absprachen, Teamarbeit notwendig, evtl. Konkurrenzsituation …). Letztlich entscheiden die MediatorInnen und MediandInnen, wie der Konflikt bearbeitet werden soll.

Kosten
Zu den Kosten für eine Mediation können keine verallgemeinerten Angaben
gemacht werden. Die Kosten hängen von der benötigten Mediationszeit ab, der
Vor- und Nachbereitung, der Anzahl der Mediatoren und Medianden, dem Preis-
segment des entsprechenden Fachgebietes und sogar den örtlichen Gegebenhei-
ten der Bundesländer. Zudem ist die Bandbreite der geforderten Honorare sehr
groß. In Deutschland ist Mediation einerseits in Zentren der Gemeinwesenmediation kostenfrei bzw. auf Spendenbasis erhältlich, andererseits werden in der
Wirtschaftsmediation durchaus Top-Honorare für Mediationen gezahlt. In einigen
Unternehmen finden die Mediationen innerhalb der bezahlten Arbeitszeit statt, in
anderen Organisationen werden zwar die Kosten für die Mediation getragen, die
Mediation findet jedoch nach Dienstschluss statt.

4.4   Das Phasenmodell

Mediation folgt einem strukturierten Ablauf und wird anhand eines Phasenmodells durchgeführt. In der Fachliteratur gibt es Phasenmodelle mit unterschiedlicher Anzahl von Phasen, da einzelne Phasen mitunter durch eine Aufgliederung
besonders betont werden. Im folgenden wird ein vierstufiges Phasenmodell vor-
gestellt (siehe Abb. 4.1), dem eine Prä-Mediationsphase vorangestellt und eine
Post-Mediationsphase mit Umsetzung und Nacharbeiten angehängt ist.

Vorphase/Prämediation
Die Vorphase ist eine lang unterschätzte aber dennoch entscheidende Phase im
Rahmen eines Mediationsverfahrens. Der Mediator erhält in dieser Phase einen
ersten kurzen Blick auf den Konflikt und die Konfliktparteien. Es muss geklärt
werden, wie die Medianden zueinander finden und wie das Setting für die anste-
hende Mediation sein soll. Am Ende der Vorphase steht die Entscheidung der
Medianden, ob die Anfrage in eine Mediation führt.
    Die Wege zur Mediation sind unterschiedlich:

• Eine Konfliktpartei fragt Mediation nach, die zweite Partei weiß noch nichts
  davon.
• Eine Konfliktpartei fragt Mediation nach, die zweite Partei hat bereits in die
  Mediation eingewilligt.
• Die Personalstelle einer Firma oder der Vorgesetzte eines Teams fragt externe
  Mediation nach.

Vorphase	• Meist telefonisch • Rahmeninformationen • Kontakt zur zweiten Streitpartei ?? • Kostenverhandlung • Terminvereinbarung

Phase 1: Den sicheren Rahmen schaffen

	Begrüßung / Warming up	• Empfang und Kennenlernen • Getränke anbieten usw. • Anknüpfen an das Vorgespräch
	Information	• Definition Mediation • Ablauf Mediation • Prinzipien (Vertraulichkeit, Verantwortlichkeiten ...)
	Organisation	• Dauer und Termine • Kosten (wenn nicht schon vorher geklärt)
	Gesprächs- rahmen	• Gesprächsgrundlagen (ausreden lassen, nur von sich selber sprechen, Handy ausstellen ...)

Phase 2: Konfliktdarstellung

	Konflikt- schilderung	• Alle Beteiligten schildern ihre Sichtweise • Positionen werden dargestellt • Gefühle werden sichtbar
	Zusammen- fassung	• Aktiv Zuhören, Paraphrasieren und Gehörtes auf den Punkt bringen
	Themen- wahl	• Themensammlung und -auswahl

Phase 3: Konflikterhellung

	MediatorInnen filtern heraus	• Gefühle • Bedürfnisse • Interessen • Konkrete Wünsche aneinander
	Unterstützung der beidseitigen Verständigung	• Gegenseitiges Aktives Zuhören anleiten • Gegenseitiges Verstehen / evtl. gegenseitiges Verständnis • Perspektivwechsel anregen

Phase 4: Lösungsfindung und Vereinbarung

	Lösungs- suche	• Freie Ideensammlung • Konkretisieren der Ideen
	Verhandlungs- moderation	• Ideen bewerten und verhandeln • Gemeinsame Lösung ermitteln
	Vereinbarungen treffen	• Konkret und schriftlich • Unterschrift der Medianden • Würdigung der gemeinsamen Arbeit • Evtl. Termin zur Auswertung festlegen

Nachphase	• Aktueller Stand • Auswertung der Vereinbarungsumsetzung • Evtl. Nacharbeiten oder Bearbeitung neuer Konfliktpunkte

Abb. 4.1 Phasenmodell der Mediation. (nach Klappenbach 2011, S. 36 f.)

- Eine Wohnungsbaugesellschaft meldet den Streit zwischen Mietern beim haus-eigenen internen Mediator.
- Jemand erkundigt sich im Namen einer oder mehrerer Konfliktparteien nach Mediation.
- Durch Zufall sitzt man mit zwei Konfliktparteien zusammen und merkt, dass Mediation notwendig wäre.
- Es wird ein Mediationsverfahren bezüglich eines Streits im öffentlichen Raum öffentlich ausgeschrieben.

In all diesen Fällen muss die Mediatorin oder der Mediator das Konfliktmanage-ment übernehmen, den Prozess organisieren und einen guten Weg finden, um die Konfliktparteien zusammen zu bringen. Heutzutage sehen fast alle MediatorInnen dies als Teil ihrer Aufgabe an und besprechen mit der die Vermittlung anfragen-den Person ein passendes Vorgehen auf dem Weg zu einem gemeinsamen Media-tionsgespräch. Viele MediatorInnen schließen mit ihren Medianden einen Vertrag über die Durchführung der Mediation.

Oft wird eine Mediation telefonisch nachgefragt. Dann heißt es für Mediato-rInnen, auf die erste Kurzbeschreibung des Anliegens gut zu reagieren und Wei-chen zu stellen. Eventuell muss erläutert werden, was Mediation bedeutet und wie Mediation abläuft. Falls eine Konfliktpartei Interesse an einer Mediation hat, die zweite aber bisher davon noch nichts weiß, muss geklärt werden, von wem und wie die zweite Partei informiert wird. Bei all dem ist zu beachten, dass die Allparteilichkeit der Mediatorin bzw. des Mediators gewahrt bleibt.

Checkliste für ein Mediationsvorgespräch:

- Wie viele Personen sind beteiligt?
- Darf ich Ihnen nochmals erklären, was Mediation ist?
- Weiß die zweite (die weiteren) Streitpartei von Ihrem Wunsch nach Media-tion?
- Nehmen Sie Kontakt mit den weiteren Streitparteien diesbezüglich auf?
- Ich stelle meinen Rahmen für die Mediation vor:
  Zeit, Raum, Kosten, Frage Co-Mediation
- Entscheidung des/der zukünftigen Medianden für die Mediation
- Terminvereinbarung

Phase 1: Den sicheren Rahmen schaffen

Wie in jedem Gespräch, so ist auch in der Mediation die Begrüßung und das Warming up ein gelungener Einstieg. Die erste Phase hat die Aufgabe, einen sicheren Rahmen zu schaffen. Die Prinzipien der Mediation müssen erläutert und vereinbart werden, der Mediationsablauf kurz erklärt und die Rollen von MediatorIn und Medianden benannt werden. Ebenfalls empfiehlt sich das Anknüpfen an den Prozess (Telefonate …), der bereits gelaufen ist. Die Organisation der Mediation (Zeitrahmen, Dauer …) kann nochmals wichtig sein. Es wird ein Gesprächsrahmen vereinbart und sichtbar aufgehängt, hier empfehlen sich Gesprächsregeln wie beispielsweise: Alle Anwesenden lassen sich ausreden. Sie bemühen sich, für sich selbst zu sprechen.

Phase 2: Konfliktdarstellung
In der Phase der Konfliktdarstellung dürfen alle Konfliktparteien ihre Sicht der Dinge schildern. Die MediatorInnen hören aktiv zu, paraphrasieren das Gehörte, stellen Fragen zur Situation und erfassen Themen. Paraphrasieren bedeutet, das Gehörte kurz in eigenen Worten zusammen zu fassen und die eventuelle „Schärfe" aus den Formulierungen zu nehmen. Dadurch hört eine Streitpartei die Aussagen der zweiten Streitpartei stets noch einmal in den Worten des Mediators bzw. der Mediatorin und kann sie dadurch besser annehmen. Am Ende der zweiten Phase steht die Erstellung einer Themenliste, über die in der Mediation gesprochen werden soll. Diese Liste wird anschließend priorisiert, sodass mit dem für beide Parteien wichtigsten Thema begonnen werden kann.

Phase 3: Konflikterhellung
In dieser Phase werden die in der Phase 2 erarbeiteten Themen nacheinander besprochen. Dabei geht es um die vertiefte Darstellung und Erörterung zum Thema und anschließend insbesondere um die vorherrschenden Gefühle, Bedürfnisse und Interessen diesbezüglich. Die MediatorInnen schicken die MediandInnen in die Perspektivübernahme, sie möchten, dass das gegenseitige Verständnis wächst und die Streitparteien offen werden für die Sicht der anderen an der Mediation teilnehmenden Person(en). Die MediatorInnen können die MediandInnen auch zum gegenseitigen aktiven Zuhören anleiten. Dabei gilt: Verstehen heißt nicht einverstanden sein. Sind Gemeinsamkeiten da, so werden diese betont. Gefühle sind oft der Wendepunkt in dieser Phase. Ist die Perspektivübernahme gelungen, so sind beide Parteien bereit für die Lösungssuche. Es kann nach Wünschen an die andere Partei gefragt werden.

Phase 4: Lösungsfindung und Vereinbarung
Die Medianden benennen eine Vielzahl von Lösungsmöglichkeiten. Diese werden visualisiert, konkretisiert, verhandelt und abgestimmt. Anschließend kann

die Mediation mit einem Handschlag besiegelt, die Ergebnisse bezüglich einer
Lösung am Flipchart dokumentiert und unterzeichnet oder ein Vertrag zwischen
den MediandInnen aufgesetzt werden. Die Vereinbarung muss eine für alle Parteien tragfähige Lösung darstellen, man spricht auch von einem Win-win-Ergeb-
nis. Bei einer internen Mediation muss besprochen werden, welches Ergebnis
durch wen den Raum verlassen darf. Mit einer gemeinsamen Würdigung des
Ergebnisses ist die Mediation beendet.

Nachphase/Post-Mediation
Es kann am Ende der Mediation vereinbart werden, dass zu einem zu definieren-
den Zeitraum ein erneuter Kontakt zwischen MediandInnen und MediatorInnen
stattfindet. Hier kann geschaut werden, wie die Vereinbarungen der Mediation
umgesetzt werden konnten und an welchen Stellen eventuell nachgearbeitet werden muss.

Das Phasenmodell stellt ein Gerüst zur Konfliktbearbeitung in der Mediation dar.
Praktisch gesehen ist nicht in jeder Mediation die Abfolge dieser Phasen genau
einhaltbar. Häufig wollen die MediandInnen nach der Besprechung eines Themas
auch gleich in die Lösungssuche zu diesem Thema gehen und sich erst danach
einem neuen zu besprechenden Thema widmen. Ebenfalls kann es sein, dass in
einer realen Mediation in der Phase 4 ein neues Thema auftaucht, dann muss die
Mediatorin oder der Mediator wieder in die Phase drei zurückspringen.

4.5   Methoden

Es existiert eine Vielzahl unterschiedlichster Methoden, die in den Phasen des
Phasenmodells integriert werden können. Die Methoden müssen stets den MediandInnen und dem Mediationsbereich angemessen sein. Zudem gibt es Methoden, die für die Mediation mit zwei Personen oder für die Mediation mit Teams
und Gruppen verwendet werden können. Methoden können Prozesse in der Mediation besser verdeutlichen, intensivieren, verschnellern oder verlangsamen. Die
Methoden als solche sind oftmals anderen Disziplinen und Formaten entnommen.
Es kann zwischen Basis- und aufbauenden Methoden unterschieden werden.

4.5.1   Basics

Basismethoden gehören zum wichtigen Handwerkszeug für eine Mediation (s.
Abb. 4.2).

Aktiv zuhören	Paraphrasieren, verbal spiegeln	Fragetechniken
Offen sein für die Sichtweise der Medianden, nachfragen, klären, Thema weiterführen, sich zusammenfassend über ein korrektes Verständnis rückversichern	Sinngemäße Wiedergabe des Gehörten (auch unter- oder übertreiben oder mit eigenen Worten wiedergeben)	Viele verschiedene Frage- formen sind möglich, siehe weiter unten

Positiv umformulieren	Gemeinsamkeiten betonen
Worte wecken Gefühle, beeinflussen das Gesprächs- klima sowie die Wahrschein- lichkeit einer Konfliktlösung	Gemeinsamkeiten verstärken die Wahrscheinlichkeit einer Konfliktlösung

Moderationsmethode	Visualisieren	Kreativtechniken
Arbeit mit Metaplankarten, Sachverhalte punkten, ...	Visualisierte Sachverhalte sorgen für Klarheit und sind einfacher zu klären	Diese Techniken sind besonders am Ende einer Mediation wichtig

Abb. 4.2 Methoden-Basics für den Mediationsprozess

Fragetechniken
Gut einsetzbare Frageformen
Fragen steuern und wirken, können vergangene Sachverhalte verständlich machen, nach der Gegenwart fragen oder Wünsche für die Zukunft verdeutlichen. Verschiedene Frageformen sind für bestimmte Phasen der Mediation besonders geeignet. Fragearten rufen sogar Gefühle, Reaktionsweisen und Wirkungen her- vor. Fragetechniken gehören damit zu den Basismethoden einer Mediatorin bzw. eines Mediators (siehe Abb. 4.3).

Hinderliche Frageformen
Es gibt allerdings auch Frageformen, die beschämen, einengen oder kränken bzw. das erwünschte Klima von Vertrauen und Kooperation stören. Es versteht sich von selbst, dass diese gemieden werden sollten, nur in Ausnahmesituationen kön- nen einige davon im Add-on-Bereich vorsichtig genutzt werden (siehe Abb. 4.4).

4.5.2 Add-ons

MediatorInnen nutzen unterschiedliche Add-ons im Methodenpool. In der ersten Phase geht es um das Ankommen und um Erwartungen. Methoden in der zweiten

Offene / geschlossene Fragen	W-Fragen (Informationsfragen)	Bestätigungsfragen
„Wie sehen Sie das?" Offene Fragen fördern Redefluss „Sehen Sie das auch so?" Geschlossene sorgen für Klarheit	„Wann? Wer? Was? Wie? Mit wem?" Erfragen Situationen, Vorstellungen und Möglichkeiten	„Habe ich das richtig verstanden?" Stellt sicher, dass das Gehörte richtig verstanden wurde

Konkretisierende Fragen	Fokussierende Fragen	Skalierungs- / Rangfragen
„Woran erkennen Sie, dass Ihr Kollege nicht zuhört?" Hilft Verhaltensmuster zu verdeutlichen und zu verstehen	„Was sind Ihre stärksten Befürchtungen?" Schärfen den Blick für wichtige Sachverhalte, Themen, Gedanken ..	„Wenn Sie das Thema auf einer Skala von 1 bis 10 einordnen, wo befindet es sich dann?" Beschreibt die Wichtigkeit eines Themas, Gedankens, einer Lösung

Frage nach Emotionen	Vergangenheits-, Gegenwarts-, Zukunftsfragen	Fragen zum Perspektivwechsel
„Wie geht es Ihnen damit?" Hilft die Gefühle und die dahinter liegenden Bedürfnisse zu erkennen	„Wie war das damals für Sie, als dies passierte?" Vergangenheits- fragen können blockieren „Was möchten Sie zukünftig verändern?" Zukunftsfragen eröffnen neue Perspektiven	„Wenn Sie sich in Herrn x hinein versetzen, was meinen Sie, wie er darüber denkt?" Erweitert den Blickwinkel, fördert Verständnis

Zirkuläre bzw. triadische Fragen

„Was würde Ihre Tochter dazu
sagen?"

Ergänzt eine zusätzliche Außen-
perspektive zu einer Situation,
können starke Gefühle und große
Tiefe auslösen

Frage nach Ausnahmen

„Gab es einmal eine Situation, in
der die Kommunikation gut lief?
Was war anders?"

Richtet den Blick auf
Stärken und Fähigkeiten

Ressourcenorientierte Fragen

„Wie haben Sie das früher gelöst,
als die Zusammenarbeit noch
Spaß gemacht hat?"

Richtet den Blick auf Stärken und
Fähigkeiten, positiv verstärkend

Hypothetische Fragen

„Wenn genug Geld zur Verfügung
stehen würde, wie könnte eine
Lösung dann aussehen?"

Regen zu Gedankenexperimenten
und Visionen an

Wunderfragen

„Stellen Sie sich vor, es wäre über
Nacht ein Wunder geschehen.
Woran würden Sie das merken?
Was wäre anders? Was hätten Sie
dazu beigetragen? Wie würde Ihr
Mann sich verhalten? ..."

Fördert Fantasie und ermöglicht
Kreativität zur Lösungsfinung

Lösungsorientierte Fragen

„Welche Ideen haben Sie zu den
bisher geäußerten Punkten?"

Unterstützt bei Suche nach
Lösungskonzepten

Abb. 4.3   Frageformen, grob nach Phasen sortiert

Phase unterstützen die Konfliktdarstellung. Der Methodeneinsatz in der dritten Phase regt zum Darstellen von Gefühlen oder zum Perspektivwechsel an. In der vierten Phase werden zunächst Methoden genutzt, die der kreativen Lösungsfindung dienen,

Paradoxe Fragen	Skeptische Fragen	Provozierende Fragen
„Was müssten Sie tun, damit diese Mediation misslingt?"	„Sind Sie wirklich sicher, dass diese Lösung funktionieren würde?"	„Soll das jetzt ein ernst gemeinter Vorschlag von Ihnen sein?"
Neue Perspektive vs. irritieren und blockieren	Frage kann verunsichern, Allparteilichkeit gewahrt?	Frage kann verunsichern oder abwertend aufgefasst werden

Kränkende Fragen	W-Fragen „Warum", „Wieso"
„Und, haben Sie dazu auch etwas zu sagen?"	„Wieso haben sie das eigentlich getan / gesagt?"
Abwertung eines Medianden, führt zu Zweifel an Allparteilichkeit	Erzeugt Rechtfertigungsdruck, Vorsicht mit Allparteilichkeit

Suggestivfragen	Strategisch lenkende Fragen	Inquisitorische Fragen
„Das ist eine wunderbare Lösungsidee, finden Sie nicht auch?"	„Würden Sie es besser finden, Ihr Nachbar zieht bald aus?"	„Haben Sie das wirklich so gesagt / getan, oder nicht?"
Einflussnahme auf Medianden, Inhalt und Lösung der Mediation	Lösungsvorschlag, Vorsicht mit Allparteilichkeit, Manipulation?	Fordert Rechtfertigung heraus, sucht nach Schuld

Abb. 4.4 Schwierige und hinderliche Frageformen

und anschließend Methoden zur Bewertung verschiedener Ideen und zur Festhaltung eines Ergebnisses. Alle folgenden Methoden (siehe Abb. 4.5) sind überblicksartig und in Kurzform benannt.

4.6   Besondere Formen und mediationsähnliche Verfahren

Collaborative Practice/Cooperative Praxis
Dieses mediationsanaloge Verfahren ist ein kooperatives, strukturiertes und anwaltlich gestütztes außergerichtliches Konfliktbearbeitungsverfahren, dessen Ursprünge in den USA liegen. Der CP und der Mediation ist gemeinsam, dass sie interessen- und bedürfnisorientiert sind. Bei der CP können verschiedene Professionen je nach Bedürfnis der Konfliktpartner in einen Einigungsprozess einbezogen werden. In Trennungs- und Scheidungsfällen arbeiten beispielsweise Anwälte, Coaches und Experten für Kinder und Finanzen interdisziplinär zusammen. Das Verfahren ist in Deutschland noch recht neu und unbekannt. Es wird auch Mediation ohne Mediator genannt.

E-Mediation
Mit E-Mediation wird eine Form der Mediation bezeichnet, bei der elektronische Technologien genutzt werden, beispielsweise E-Mails, Internet, Skype, Telefon,

Erwartungsplakat		Zeitungseinstieg
„Was soll hier in der Mediation passieren? Was nicht?" Einstieg in die Mediation		„Ich gebe Ihnen ein Blatt Zeitung und möchte Sie bitten darzustellen, wie Sie den Konflikt sehen?" Visualisiert den Konflikt (u. Gefühle)

Konflikt malen	Glaskugelmodell	Timeline
„Bitte malen Sie den Konflikt aus Ihrer Sicht auf." Visualisiert den Konflikt	„Jede_r Mensch hat unterschiedliche Erfahrungen und eine eigene Sichtweise zu diesem Konflikt." Verdeutlicht den Konstruktivismus	„Bitte stellen Sie den Konflikt mit Unterstützung der Bilder und Figuren an dem Seil dar." Bildet die Konfliktgeschichte ab

Selbstbild- / Fremdbild	Gefühlskarten	Stuhltausch
„Wie denken Sie, dass Ihr Partner Sie sieht?" Regt Perspektivwechsel an	„Welche der Gefühlskarten zeigen Ihre Gefühle (oder die von Frau x) in diesem Konflikt?" Verdeutlicht Gefühle hinter Konflikt	„Bitte tauschen Sie die Stühle. Wie sieht xxx aus der Perspektive Ihres Konfliktpartners aus." Regt Perspektivwechsel an

Kontrollierter Dialog	Doppeln	Reframen
„Bitte wiederholen Sie die Sicht von Frau x, bevor Sie Ihre anfügen." Fördert präzises Sprechen und genaues Zuhören	„Darf ich mich kurz neben Sie setzen und für Sie sprechen?" Bringt Aussagen, Gefühle, Bedürfnisse auf den Punkt	„Ein Glas ist halbvoll / halbleer." Weist einer Situation einen anderen Sinn / eine andere Bedeutung zu

Autoteile	Methode mit dem leeren Stuhl	Konflikt aufstellen
„Als welcher Teil eines Autos (Schiffes) (Wo) sehen Sie sich (andere) in Ihrem Team?" Verdeutlicht Rollen im Team	„Stellen Sie sich vor, auf dem Stuhl säße Herr X. Was würde er dazu sagen?" Holt die Sicht Außenstehender ab	„Jede Figur symbolisiert eine Person. Wie kann ich mir Ihren Konflikt vorstellen." Visualisiert durch Figuren/Steine

Reflecting Team	Inneres Team	Kleine Mediation
Zwei MediatorInnen sprechen vor den MediandInnen über den Prozess. Hilft Blockaden zu lösen	„Welche inneren Stimmen gibt es dazu bei Ihnen beiden?" Verdeutlicht Einstellungen zum Thema	„Wir biete Ihnen an, dies in einem Innenkreis zu besprechen." Zweier-Mediation im Rahmen einer Team-Mediation

Brainstorming	Mind Mapping	Kopfstandmethode
„Bitte nennen Sie alle Lösungsmöglichkeiten, die Ihnen einfallen." Regt Kreativität an	„Ich visualisiere Ihre Ideen zum Thema anhand von Haupt- und Nebenlinien auf dem Papier." Visualisiert Assoziationen	„Was würde zur Verschlimmerung des Problems führen? Dann: Was zur Verbesserung?" Regt Kreativität an

Tortenstücke	Walt-Disney-Methode	Sternanalyse
„Hier liegt ein runder Kreis (Kuchen). Was möchten Sie zur Lösung des Konflikts beitragen?" Hilft bei Entwicklung von Lösungen	„Es gibt vier Rollen: Träumer, Realist, Kritiker, Beobachter. Wie sehen diese die Lösungen?" Bewertet Lösungsideen	„Was spricht gegen die Lösung? Wir schreiben dies auf und überlegen, wie dies gelöst werden kann." Bewertet eine Lösungsidee

Maßnahmenplan	SMART	Papierkorb – Koffer - Edelstein
„Wir schreiben auf, wer was wann macht." Visualisiert einen Arbeitsplan	Ein gemeinsames Ziel wird SMART formuliert (spezifisch, messbar, attraktiv, realistisch, terminiert). Spezifiziert eine Vereinbarung	„Was möchten Sie gerne hier lassen, was mitnehmen, was war für Sie wichtig?" Reflektiert den Mediationsprozess

Abb. 4.5 Ausgewählte Methoden, grob nach Phasen sortiert

Videokonferenzen u.a.m. Sind die Konfliktparteien an unterschiedlichen Orten und ist ein persönliches Zusammentreffen schwierig möglich, so ist die E-Mediation eine gute Wahl. Natürlich sind auch Mischformen zwischen E- und Präsenz-Mediation möglich.

Güterichter

Die Verweisung vor einen Güterichter bietet Prozessparteien die Möglichkeit, ihren Rechtsstreit einvernehmlich beizulegen. Dies kann mit oder ohne Unterstützung ihrer Anwälte geschehen. Dabei sind Güterichter geschulte Richter, die vom Präsidium eines ordentlichen Gerichts für die Durchführung einer Güteverhandlung bestimmt wurden. Ein Güterichter kann nach § 278 Abs. 5 der Zivilprozessordnung (ZPO) alle Methoden der Konfliktbeilegung einschließlich der Mediation einsetzen. Er ist ein neutraler Dritter und entscheidet nicht. Vertraulichkeit ist auch hier eine wichtige Voraussetzung für das Verfahren.

Klärungshilfe

Die Klärungshilfe ist ein besonderes Mediationsverfahren, von Christoph Thomann entwickelt und begründet. Es wird in sieben Phasen gearbeitet: Auftragsphase, Anfangsphase, Selbstklärungsphase, Dialogphase, Erklärungs- und Lösungsphase, Abschlussphase und Nachsorge. Vier entscheidende Punkte bilden einen Unterschied zur Mediation: Für das Verfahren ist keine Freiwilligkeit notwendig. Um mit den Gefühlen der Beteiligten in Kontakt zu kommen werden keine Gesprächsregeln vereinbart. Schwierige Gefühle bekommen eine besondere Bedeutung, sie werden thematisiert. Es gibt keine Einzelvorgespräche.

Konfliktcoaching/Konfliktberatung

Möchte eine der Konfliktparteien nicht an einer Mediation teilnehmen, so kommt auch keine Mediation zustande. Der interessierten Konfliktpartei kann ein Konfliktcoaching angeboten werden. In diesem Gespräch kann die Konfliktpartei zu folgenden Fragestellungen gecoacht werden: Was können Sie tun, damit der Konflikt deeskaliert, damit eine Annäherung stattfinden kann, damit wieder ein Gespräch oder etwas Gemeinsames möglich ist, die Zusammenarbeit besser klappt, der Konfliktknoten evtl. gelöst wird. Werden in diesem Gespräch eher beratende als coachende Elemente genutzt, so entsteht das Format der Konfliktberatung.

Mediative Kommunikation
Hat Person A einen Konflikt mit Person B, so kann Person A (oder es können
beide) die Konfliktbeilegung angehen, ohne einen Mediator hinzuzuziehen. Dies
funktioniert insbesondere bei niedrig eskalierten Konflikten sehr gut. Eine der
beiden Konfliktparteien (besser beide) sollten sich in einer Mediativen Haltung
befinden und versuchen, analog den Mediationsphasen und mit Unterstützung der
Basismethoden den Konflikt an- und durchzusprechen.

Online-Mediation
Diese Mediationsform bietet die (ganz oder teilweise) Verlagerung des Mediati-
onsprozesses in den virtuellen Raum. Die Online-Mediation findet synchron statt
und ist eine (digitale) Präsenzmediation. Mediator und Medianden loggen sich
zeitgleich in den virtuellen Raum ein, können sich sehen, hören und miteinander
sprechen. Wie in der Face-to-Face Mediation übernimmt der Mediator die Prozessverantwortung. Es gibt verschiedene Software-Lösungen und Programme zur
Durchführung derartiger Mediationen. Mitunter wird der virtuelle Raum durch
Chats, Pinnboards usw. ergänzt.

Shuttle-Mediation/Pendelmediation
Bei der Shuttle-Mediation setzt sich der Mediator abwechselnd mit den Konfliktparteien in Verbindung. Dies kann im persönlichen Gespräch, telefonisch oder
internetbasiert geschehen. Die Shuttle-Mediation läuft nach den beschriebenen
Phasen der Mediation ab, nach jedem (Einzel-) Gespräch fragt der Mediator, was
er an die andere Konfliktpartei weitergeben darf. Es gibt Pendelmediationen, die
eher ergebnisorientiert sind und andere Mediationen dieser Art, die wechselseiti-
ges Verstehen und Verständnis fördern. Diese Mediationsform ist für hochstrittige
Konfliktfälle gut geeignet, da sich die Medianden nicht persönlich begegnen und
dennoch eine Konfliktlösung finden können.

Telefonmediation
Viele Rechtsschutzversicherungen bieten telefonische Mediationsgespräche an.
Diese Form der Verhandlung ist rein ergebnis- und nicht interessensbasiert. Die
Telefonmediatorin bzw. der Telefonmediator führt im Sinne einer Shuttle Mediation abwechselnd Gespräche mit den Konfliktparteien und versucht, diese zu
einer Einigung zu bewegen. Die Medianden kommen nicht in den direkten Kontakt miteinander und müssen dadurch nicht die Hemmschwelle des persönlichen
Kontaktes überwinden. Das Verfahren ist schnell und kostengünstig, aber nur für
ausgewählte Mediationsbereiche nützlich.

Mediationsbereiche 5

Mediation wird von Anwälten, freiberuflichen MediatorInnen, kirchlichen, öffentlichen oder privaten Trägern und (selten) von fest angestellten MediatorInnen angeboten. Die Mediationsbereiche sind heutzutage vielfältig. In der Grundausbildung lernen Mediatorinnen und Mediatoren ein Grundwissen, das sie anschließend in verschiedene Fachgebiete einbringen können. Viele MediatorInnen arbeiten im Umfeld ihres Ursprungsberufes. In Fachkreisen stellt sich stets die Frage, wie viel Fachwissen zu einem Konflikt ein Mediator braucht. Die Ansichten dazu sind sehr unterschiedlich.

In letzter Zeit lässt sich beobachten, dass sich die Mediationsbereiche stetig weiter ausdifferenzieren und besonderes Fachwissen erfordern. So könnte man der „Mediation in Organisationen" beispielsweise auch das Gebiet „Mediation und Kirche" oder Teile von „Mediation im Gesundheitswesen" zuordnen oder den sich gerade neu formierenden Bereich „Mediation in der IT".

Weiter lassen sich viele der unten aufgeführten Mediationsbereiche nicht strikt voneinander trennen. Betrachtet man beispielsweise die „Agrarmediation" als Mediation im ländlichen Raum und das Konfliktfeld „Hofübergabe familiengeführter Landwirtschaftsbetriebe", so umfasst das Konfliktfeld sowohl Aspekte von Familienmediation (und evtl. Elder-Mediation) als auch Aspekte von Wirtschaftsmediation. MediatorInnen, die einen solchen Fall bearbeiten, sollten psychologisches, wirtschaftliches und rechtliches Hintergrundwissen haben, sich in den Systemen Familie und Unternehmen auskennen, komplexe Sachverhalte sowie heftige Emotionen handhaben können.

Derzeit ist erkennbar, dass sich das Verfahren der Mediation weiter entwickelt und für viele Mediationsbereiche immer mehr Fachwissen benötigt wird. Das führt zur Diskussion, ob es zukünftig „FachmediatorInnen" für die Mediationsbereiche geben wird.

© Springer Fachmedien Wiesbaden GmbH 2017
C.D. Schäfer, *Einführung in die Mediation,* essentials,
DOI 10.1007/978-3-658-15883-5_5

5.1   Elder-Mediation

Elder Mediation ist Mediation, bei der die MediandInnen Alter bzw. die Kon-
sequenzen des Älterwerdens als ein Thema ihres Konfliktes wahrnehmen. Der
Konflikt, der in der Mediation bearbeitet wird, kann im privaten oder beruflichen
Zusammenhang entstanden sein. Häufig, aber nicht immer, sind generationen-
übergreifende Systeme betroffen. Elder Mediation richtet sich an ältere Menschen und ihr Umfeld mit dem Ziel, Konflikte zu deeskalieren und bestehende
Netzwerke zu stärken. Die Mediationen können im familiären Umfeld stattfinden,
sich rund um Pflege oder Gesundheit drehen, sich auf das Wohnumfeld oder den
Arbeitsplatz beziehen und natürlich einen rechtlichen Bezug haben *(lt. Fachgruppe BM)*.

5.2   Gemeinwesenmediation

Gemeinwesenmediation bezieht sich immer auf ein räumlich begrenztes soziales
Gefüge mit einer eigenen Identität (Gemeinde, Stadtteil o. ä.). Personen dieses
Gebiets werden zu Mediatoren geschult. Anschließend wird eine Struktur aufgebaut, in der diese Mediatorinnen und Mediatoren kostengünstig oder kostenfrei
Mediationsfälle aus dem Gebiet bearbeiten. Die Fälle können aus den verschiedenen Bereichen stammen (Nachbarschaft, öffentlicher Raum, aber auch Familie
und Kita). Der Prozess zielt auf die Befähigung des Gemeinwesens ab, Konflikte
mit eigenen Ressourcen konstruktiv zu bearbeiten. Das Angebot kann von privaten, kirchlichen oder städtischen Träger aufgebaut werden.

5.3   Interkulturelle Mediation

Mediation im interkulturellen Kontext bedeutet in erster Linie Verständigung
und gegenseitiges Verstehen. Mitglieder unterschiedlicher Kulturen haben unter-
schiedliches Konfliktverhalten. Das kann für alle Beteiligten den Umgang schwe-
rer machen, ohne dass sie genau wissen, warum: Sitten, Sprache, Gebräuche,
Traditionen, Zeitgefühl, Ehrgefühl, Hierarchien und Entscheidungsgepflogenhei-
ten sind stark durch kulturelle Identität geprägt. Aus dem gelebten Identitätsge-
fühl entspringen spezifische Bedürfnisse, Wahrnehmungen und Sichtweisen, die
Mediationsthemen sein können *(lt. Fachgruppe BM)*.

5.4   Mediation in Erziehung und Bildung

Mediationen im Umfeld von Kindergarten, Kita, Schule und Jugendeinrichtungen sind bedeutsam. Sogar im Vorschulalter können Konflikte mediativ von Erzieherseite gelöst werden. Im Schulkontext können Konflikte mit verschiedenen Beteiligten auftreten: Kinder/Jugendliche, Lehrkräfte, SozialpädagogInnen, Horterzieherinnen, Eltern, Schulleitung, Schulumfeld. Die Mediation kann von SchülerInnen oder Erwachsenen von intern oder extern durchgeführt werden. Die Mediationsgespräche sind meist kurz, da die Konflikte keine lange Historie haben. In Projekten der Peer-Mediation werden Schülerinnen und Schüler zu SchülermediatorInnen (auch Konfliktlotsen oder Streitschlichter genannt) ausgebildet, um den Streit zwischen ihren Peers zu mediieren. Typische Konfliktfelder sind: Beleidigungen, üble Nachrede, Konflikte um Freundschaften, Rangeleien usw.

5.5   Mediation in Familie und Partnerschaft

Bei Mediation in Familie und Partnerschaft geht es um Konflikte im sozialen Nahraum. Beteiligt sind Menschen, die verwandtschaftlich oder verwandtschaftsähnlich miteinander verbunden sind. Mediation ist in diesem Bereich sehr vielfältig. Mediation unterstützt Paare und Familien, die ihr Zusammenleben klären wollen; in der Entscheidungsfindung bei familiären Veränderungsprozessen; bei Konflikten zwischen verschiedenen Generationen; bei Konflikten von Familie und Paaren in Trennung und Scheidung; bei schwierigen Verhältnissen in Patchworkfamilien; bei Erbschaftsstreitigkeiten; Konflikten zwischen Geschwistern; in der Kommunikation zwischen leiblichen Eltern und Adoptiv-/Pflegefamilien; bei Konflikten in Familienunternehmen; in der Firmennachfolge; bei Konflikten in Wohn- und Lebensgemeinschaften *(lt. Fachgruppe BM)*.

5.6   Mediation in Nachbarschaft und Wohnungswirtschaft

Streitigkeiten in diesem Bereich spielen sich zwischen Eigentümern, Mietern oder Mieter/Vermieter ab. Themen in der Nachbarschaftsmediation sind immer wieder Ärger um Lärm, Licht, Gerüche oder Müll. Allerdings wird Mediation auch angewandt bei Uneinigkeiten bezüglich Baum- und Heckenstandorten sowie bei Haus-, Grundstücks- und Grenzverläufen. Hausgemeinschaften streiten sich über die Interpretation der Hausordnung, die Nutzung von gemeinschaftlichen Räumen, Parkflächen und Spielanlagen, Haustierhaltung oder Bauvorhaben. Wohnungseigentümerversammlungen benötigen oft mediative Unterstützung bei der Konsensfindung.

5.7   Mediation in Organisationen

Die Konfliktkostenstudie der KPMG AG zeigt, dass 10 bis 15 % der Arbeitszeit in jedem Unternehmen für die Konfliktbearbeitung verwandt und 30 bis 50 % der wöchentlichen Arbeitszeit von Führungskräften direkt oder indirekt mit Reibungsverlusten, Konflikten und Konfliktfolgen verbracht werden. Dies ergibt jährliche Konfliktkosten in Höhe von zwei- oder sogar dreistelligen Milliardenbeträgen. Wirtschaftsmediation kann als Alternative zu Gerichts- und Schlichtungsverfahren zwischen verschiedenen Unternehmen vermitteln. Wirtschaftsmediation kann jedoch ebenfalls in der innerbetrieblichen Konfliktbearbeitung bei Team- oder Abteilungskonflikten, in Fragen der Führung, bei Problemen in Veränderungsprozessen unterstützen. Die MediatorInnen können intern oder extern sein.

5.8   Mediation in Planen und Bauen

Planungs- und Bauvorhaben sind wegen ihrer hohen Komplexität sehr konfliktfähig. Bei der Ausführung von Bauvorhaben gibt es häufig Konflikte im Zusammenhang mit Baumängeln. Ziehen die Beteiligten vor Gericht, führt dies oft zu langwierigen, nervenaufreibenden und teuren Prozessen. Die Folge sind Baustopps, Kostensteigerungen, Schadensersatzansprüche, Kündigung von Geschäftsbeziehungen, Imageverluste etc. Bei Anwendung eines Mediationsverfahrens kann dieser Stress vermieden werden. Ebenfalls gibt es bei Stadtentwicklungsprozessen (Planung eines Parks, Einkaufzentrums, Wohn- und Industriegebiet) häufig unterschiedliche Interessen von Bürgern, Investoren, Verbänden und Behörden. Im Sinne einer nachhaltigen Stadtentwicklung kann diese Konfliktsituation mit Mediation geklärt werden *(lt. Fachgruppe BM)*.

5.9   Mediation im Gesundheitswesen

Im Gesundheitswesen in Deutschland arbeiten interdisziplinär ca. 4 Millionen Fachleute unterschiedlichster Berufe sehr eng und unter erhöhten Anforderungen zusammen. Konflikte in Unternehmen des Gesundheitswesens wirken sich wirtschaftlich aus, beeinträchtigen Betriebsabläufe, stören zwischenmenschlichen Beziehungen und behindern oder blockieren Zusammenarbeit, Entscheidungen und Lösungsfindungen. Andererseits geht es in diesem Mediationsbereich um das wichtigste Gut eines Menschen, um seine Gesundheit und den Umgang mit ihr. Mediation kann als Konfliktmanagement-Modell in Arztpraxen und im Krankenhausbereich eingeführt werden und dort unterstützen, Meinungsverschiedenheiten und Interessenkollisionen im Arzt-Patienten-Angehörigen-Verhältnis oder in Teams bzw. Abteilungen zu lösen.

5.10   Mediation im öffentlichen Bereich

Mediation kann in Gemeinden, Städten, auf regionaler oder überregionaler Ebene eingesetzt werden. Meist geht es um Konflikte zwischen privaten und öffentlichen sowie um Konflikte zwischen mehreren öffentlichen wie auch zwischen privaten Interessen. Früher mit dem Begriff „Umweltmediation" benannt wurde hauptsächlich Nutzungskonflikten zwischen Naturschutz, Landwirtschaft, Siedlungs- und Gewerbeentwicklung bearbeitet. Heute geht es auch um Infrastrukturvorhaben (Aus- oder Neubau von Straße, Bahntrasse, Flughafen), um die Erweiterung oder den Neubau von Betriebsanlagen (Abfallwirtschaft, Stromtrasse, Windpark) oder um räumliche Entwicklungskonzepte (Gewerbeansiedlung). Die Konflikte haben meist viele Konfliktparteien, sind sehr komplex und stehen unter dem Einfluss von Öffentlichkeit und Politik. Neben Umweltaspekten werden auch wirtschaftliche und soziale Auswirkungen betrachtet.

5.11   Mediation im Sport

Konfliktbeteiligte im Sport sind die Sportler, Mannschaften, Trainer, Vereine, Verbände, Funktionsträger, aber auch die Eltern von Kindern am Spielfeldrand, die Sponsoren, Medien und Öffentlichkeit. Die Konflikte haben Auswirkungen auf direkt und indirekt Betroffenen und nicht zuletzt auf den Sport selbst. Ob Fußball, Tauchen, Radfahren oder Rudern, in allen Sportbereichen kann Mediation wirken. Da kann es um Streitigkeiten in einer Mannschaft gehen, um Vorfälle während oder nach einem Spiel, um zwei Vereine, die gemeinsam einen Sportplatz nutzen oder vieles mehr. Ein Konfliktlösungsgespräch zwischen Einzelpersonen oder Gruppen kann Unterstützung bieten, damit der Sport weiterhin seiner Vorbildfunktion für Fairness und Gerechtigkeit nachkommen kann.

5.12   Mediation und Politik

Die Vermittlung von Konflikten im zwischenstaatlichen Bereich ist eines der ersten und vor allem im Mittelalter weit verbreiteten Anwendungsgebiet von Mediation. Alvise Contarini war als venezianischer Gesandter über fünf Jahre als Vermittler tätig, um den Westfälischen Frieden 1848 zu erreichen. Auch im 19. Jahrhundert schalteten sich viele neutrale Dritte in völkerrechtliche Konflikte ein, als Mediatoren fungierten dabei meist Vertreter eines als neutral akzeptierten dritten Staates oder auch der Papst. Beim Camp-David-Abkommen 1979 unterstützte der damalige US-Präsident Jimmy Carter als Vermittler im Friedensprozess zwischen Ägypten und Israel und bekam dafür 2002 den Friedensnobelpreis. Die Charta der Vereinten Nationen hat die Mediation als friedliches Modell der völkerrechtlichen Streitbeilegung aufgenommen.

5.13   Mediation in Strafsachen/Täter-Opfer-Ausgleich

Straftaten ereignen sich oft im Rahmen eines Konfliktgeschehens zwischen verschiedenen Beteiligten. Die Arbeit im Täter-Opfer Ausgleich (in Österreich Außergerichtlicher Tatausgleich genannt) erfordert einen sensiblen Umgang mit den betroffenen Menschen. Der Täter-Opfer-Ausgleich ist eine modifizierte Form der Mediation, in deren Mittelpunkt drei Elemente stehen: Die Aufarbeitung der Tat, die Befriedung des Konflikts und die Aushandlung der Wiedergutmachung. Dies bedeutet den Ausgleich zwischen subjektiven Erlebnis- und Alltagswelten, verhärteten Fronten, verborgenen Ängsten, Vorurteilen, verdeckter oder offener Abwehr einerseits und dem Wunsch nach Befriedung andererseits. Dadurch besteht die Chance, eine für Täter und Opfer zufriedenstellende und angemessene Lösung zu finden.

Ein Metamodell zur Mediation

6

In den vergangenen Kapiteln ist deutlich geworden, wie vielschichtig und komplex das Verfahren der Mediation ist. In der Praxis lässt sich zudem feststellen, dass Mediatorinnen und Mediatoren in ihrer Arbeit unterschiedliche Schwerpunkte setzen und in den verschiedenen Mediationsbereichen unterschiedlich arbeiten (müssen). Es gibt MediatorInnen, die einen problemlösenden Ansatz propagieren, und es gibt Mediationen, in denen (fast) therapeutisch und in der Beziehungsdynamik gearbeitet wird. Das führt zu der Frage nach einem Modell, in der die Vielfalt von Mediationspraxis veranschaulicht werden kann.

Eines dieser Metamodelle wurde von Nadja Alexander vorgelegt. Sie sieht Mediation als moderierte Verhandlung. Das Modell besteht aus zwei sich überschneidenden Achsen, die unterschiedliche Aspekte von Mediation beschreiben (siehe Abb. 6.1). Die vertikale Achse bezieht sich auf den Grad der Intervention (Einwirkung) der MediatorIn in das Mediationsverfahren und zeigt, ob sich diese Interventionen eher auf inhaltliche oder auf prozessuale Aspekte beziehen. Die horizontale Achse bezieht sich auf den in einer Mediation verwendeten Verhandlungsansatz. Wird auf der Grundlage von Rechten und Positionen verhandelt, so ist dies der distributive („verteilende") Ansatz; werden Bedürfnisse, Interesse und Beziehung in den Mittelpunkt gestellt, so ist dies der integrative Ansatz (auf Integration bedacht).

Im Rahmen einer fachspezifischen Beratungsmediation wird sachbezogen und ergebnisorientiert verhandelt. Dieser Mediationsstil wird oft von Juristen oder Fachleuten wie z. B. Ingenieuren praktiziert. Tendiert die Mediation in die obere linke Ecke des Modells (meint starke inhaltliche Intervention bei Verhandlungsgrundlage von Rechten und Positionen), so kommt das einer Schlichtung gleich.

Bei einer Vergleichsmediation gestalten mit fachlicher Expertise ausgestattete MediatorInnen den Prozess und greifen weniger (oder nicht) inhaltlich ein. Das

© Springer Fachmedien Wiesbaden GmbH 2017
C.D. Schäfer, *Einführung in die Mediation,* essentials,
DOI 10.1007/978-3-658-15883-5_6

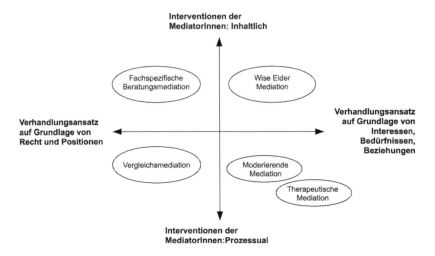

Abb. 6.1 Metamodell Mediation. (nach Alexander 2004, S. 76)

Fachwissen wird auf indirekte Weise genutzt, inhaltliche Fragen werden alleine von den Medianden geregelt. Jede Partei kann juristische VertreterInnen mitbringen. Der Prozess wird häufig mit Einzelsitzungen begonnen und/oder durch Shuttle-Mediation gestaltet. Viele Rechtsschutzversicherungen nutzen diese Art der Mediation durch die Telefonmediation.

In der moderierenden Mediation geht es um Autonomie und Selbstbestimmung der Konfliktparteien und um die Schaffung eines optimalen Verhandlungsumfeldes, um interessenorientiertes Verhandeln und die Einladung zur gegenseitigen Perspektivübernahme. MediatorInnen werden aufgrund ihrer hervorragenden Kommunikations-, Prozess- und Moderationskenntnisse ausgewählt, ihr Fachwissen zum Konfliktthema steht nicht im Vordergrund.

In der therapeutischen Mediation hat die Mediatorin oder der Mediator die Aufgabe eine Umwelt zu schaffen, in der die Medianden ihre Gefühle, Bedürfnisse und Interessen äußern können und die der Gegenseite anerkennen. Die Arbeit geht in eine tiefere Ebene und bearbeitet auch Beziehungsfragen. Es werden therapeutische Techniken und Ansätze genutzt. Hauptziel ist eine Versöhnung der Parteien durch eine Änderung des Konfliktbildes und eine Durchbrechung der Beziehungsmuster. Der narrative und der transformative Ansatz sind therapeutische Mediationsarten.

Die „Wise Elder" MediatorInnen bringen sich aktiv in die Verhandlungen ein, beleuchten die Beziehung zwischen den Beteiligten und geben inhaltliche Hilfestellungen. Bereits traditionelle Gesellschaften nutzten diese Art der Mediation, Dorfanführer und Stammesälteste wurden wegen ihres gehobenen Ansehens als Vermittler ausgewählt. Erfahrung, Weisheit, Gerechtigkeitsempfinden und Kommunikationsfähigkeiten waren gefragt.

Das Meta-Modell zeigt, dass MediatorInnen unterschiedliche Mediationsstile praktizieren und sich für verschiedenartige Konflikte je ein adäquater Mediationsansatz finden lässt.

Gesellschaftliche Rahmenbedingungen 7

7.1 Verhaltenskodex, ethisches Selbstverständnis

Der europäische Verhaltenskodex für MediatorInnen stellt Grundsätze auf, zu deren Einhaltung sich MediatorInnen, Ausbildungsinstitute und Verbände verpflichten können. Der Kodex gibt Hinweise zur Kompetenz und Ernennung von MediatorInnen, zu Unabhängigkeit und Unparteilichkeit, zum Mediationsverfahren und zur Vertraulichkeit.

Der Bundesverband Mediation hat 2004 den europäischen Verhaltenskodex anerkannt und eigene ethische Grundsätze aufgestellt. Diese sind für alle Mitglieder des Verbandes verbindlich. Ein Auszug:

| Menschenbild | In jedem Menschen ist das Potential zum Umgang mit und zur Lösung eigener Konflikte vorhanden. Wir vertrauen in unsere und die Kompetenz der Parteien zur kreativen Gestaltung und Verständigung im Konflikt. Wir erkennen die Autonomie jedes Beteiligten an, respektieren |

© Springer Fachmedien Wiesbaden GmbH 2017
C.D. Schäfer, *Einführung in die Mediation,* essentials,
DOI 10.1007/978-3-658-15883-5_7

	die Einzigartigkeit eines jeden und gleichzeitig die Vielfalt der Unterschiede, in denen wir ein besonderes Potential sehen.
Geschützter Rahmen	Wir schaffen und wahren den geschützten Rahmen, der den Konfliktparteien ermöglicht, sich auf den Prozess der Lösungssuche einzulassen und Gewalt ausschließt.
Allparteilichkeit und Fairness	Wir nehmen die Bedürfnisse und Interessen aller Konfliktparteien mit gleichem Respekt wahr.
Einfühlung und Ermutigung	Wir fühlen uns in die Konfliktparteien ein und achten das gesamte Spektrum der Gefühle aller Beteiligten.
Vertraulichkeit und Vertrauen	Alles, was wir in der Mediation erfahren, behandeln wir respektvoll und vertraulich.
Freiwilligkeit	Wir gewährleisten die freiwillige Teilnahme aller Konfliktparteien an der Mediation.
Professionalität	Wir verpflichten uns, durch sorgfältige Vorbereitung die Interessen der Konfliktparteien bestmöglich zu wahren.

2011 hat die Mitgliederversammlung des BM eine Mediationsordnung beschlossen, die für alle vom Verband anerkannten MediatorInnen verbindlich ist.

7.2 Mediationsgesetz

Die Europäische Kommission verfolgt das Ziel, Mediation als alternatives Streit-beilegungsverfahren zu verankern. Die am 21.05.2008 veröffentlichte Richtlinie über „bestimmte Aspekte der Mediation in Zivil- und Handelssachen" (Richtlinie 2008/52/EG) des Europäischen Parlaments war der Anlass für die Bundesregie-rung Deutschland, ein Mediationsgesetz zu schaffen.

Im September 2008 legte das Bundesministerium der Justiz ein Positions-papier vor, in dem es Stellung zur Richtlinie bezog und erste Umsetzungsideen vorlegte. Es wurde eine Expertengruppe mit Vertretern aus Wissenschaft, Medi-ationsverbänden, anderen Verbänden und der Wirtschaft einberufen, die das Gesetzgebungsverfahren begleitete. Im Juli 2010 lag der Referentenentwurf des Mediationsgesetzes (MediationsG) vor. Die einschlägigen Verbände und Ins-titutionen konnten hierzu Stellungsnahme abgeben. Am 15.12.2011 wurde der Entwurf des „Gesetzes zur Förderung der Mediation und anderer Verfahren der außergerichtlichen Konfliktbeilegung" einstimmig vom Bundestag angenommen. Das Gesetz wurde dem Bundesrat zur Zustimmung weitergeleitet.

Ein wesentlicher Diskussionspunkt während des gesamten Gesetzgebungsver-fahrens betraf Rolle und Bedeutung der gerichtsinternen Mediation. So kam es, dass der Bundesrat aufgrund von Differenzen zu diesem Punkt den Gesetzentwurf am 10.02.2012 ablehnte und den Vermittlungsausschuss einberief. Ein Einigungs-vorschlag stellte sicher, dass die gerichtsinterne Mediation weiterhin durch einen Güterichter möglich ist. Der erarbeitete Kompromiss wurde am 28.06.2012 vom Deutschen Bundestag angenommen, der Bundesrat legte keinen Einspruch ein. Das Gesetz wurde am 21.07.2012 vom Bundespräsidenten Joachim Gauck unter-zeichnet, am 25.07.2012 im Bundesgesetzblatt verkündet und trat am 26.07.2012 in Kraft.

Am 31.01.2014 lag der Verordnungsentwurf des Bundesministeriums der Jus-tiz und für Verbraucherschutz (BMJV) über die Aus- und Fortbildung von zerti-fizierten Mediatoren (ZmediatAusbV) vor, und die Mediationsverbände konnten dazu Stellungnahme abgeben. Im August 2016 lag dann die Verordnung über die Aus- und Fortbildung von zertifizierten Mediatoren vor, am 01.09.2017 tritt sie in Kraft. Die Verordnung regelt u.a. welche Voraussetzungen eine Ausbildung zum zertifizierten Mediator erfüllen muss und welchen Anforderungen MediatorInnen genügen müssen, um sich als zertifizierte MediatorInnen bezeichnen zu können.

Mediationsgesetz

Verordnung über die Aus- und Fortbildung von zertifizierten Mediatoren

7.3   Ausbildung

In Deutschland gibt es für die Mediation eine Vielzahl von AusbilderInnen und Ausbildungsinstituten sowie verschiedene Ausbildungsangebote an Hochschulen und Universitäten. Die Ausbildungen beinhalten sowohl theoretische als auch anwendungsorientierte Einheiten (zu je unterschiedlichen Prozentsätzen). Mitunter ist es da schwierig, den Überblick zu behalten. Gut zu wissen, dass die oben angesprochene Verordnung ZmediatAusbV die Ausbildung regelt und die Mediationsverbände AusbilderInnen bzw. Ausbildungsinstitute lizensieren, um Qualität zu dokumentieren.

Grundausbildung Mediation in 120 h
Die Verordnung ZmediatAusbV sieht vor, dass sich die- bzw. derjenige als zertifizierte Mediatorin bzw. zertifizierter Mediator bezeichnen darf, die bzw. der unter anderem eine 120stündige Ausbildung mit folgenden Inhalten abgeschlossen hat:

Einführung und Grundlagen der Mediation
Ablauf und Rahmenbedingungen der Mediation
Verhandlungstechniken und -kompetenz
Gesprächsführung, Kommunikationstechniken
Konfliktkompetenz
Recht der Mediation
Recht in der Mediation
Persönliche Kompetenz, Haltung, Rollenverständnis

Lizenzierung durch die Verbände mit 200 h
Die Verbände zur Mediation sind seit langer Zeit maßgeblich an der Entwicklung von Qualitätsstandards für Mediatorinnen und Mediatoren sowie Ausbilderinnen und Ausbildern für Mediation beteiligt. Der Bundesverband Mediation (BM) begrüßt mit vier weiteren Verbänden grundsätzlich den Entwurf der Verordnung über die Aus- und Fortbildung von MediatorInnen. Sie sehen die vorgeschriebenen 120 h als „Mindeststandard". Um beim mitgliederstärksten Verband BM lizensiert zu werden, bedarf es eines Ausbildungsumfangs von 200 h, der Bearbeitung und Dokumentation von mindestens vier Mediationsfällen mit wenigstens 20 Zeitstunden, einer gewissen Anzahl von Stunden zur Ausbildungs- sowie Fallsupervision, der Mitarbeit in einem Netzwerk usw.

Trend zum Fachmediator?
Medianden fragen in den letzten Jahren verstärkt nach MediatorInnen mit Schwerpunkt in einem bestimmten Bereich. Ähnlich dem Beruf eines Facharztes oder Fachanwalts ist in der Mediation der Trend zum Fachmediator da. Dieser Trend wird derzeit in der Mediationsszene diskutiert, es gibt Argumente Pro und Contra Fachmediator. Zu sehen ist bereits, dass Zusatzausbildungen in verschiedenen Schwerpunktbereichen angeboten werden.

7.4   Wissenswertes

Jährlich findet am 18. Juni der Internationale Tag der Mediation statt. Der Tag wurde von den großen deutschsprachigen Mediationsverbänden aus Österreich, Deutschland und der Schweiz ins Leben gerufen. Das Ziel des Tages ist es, einer breiten Öffentlichkeit die Chancen und Vorzüge von Mediation nahe zu bringen.
   Hier die Auflistung interessanter Adressen für den Mediationszusammenhang:
Mediations-Verbände
Bundesverband Mediation (BM)

Bundesverband Mediation in Wirtschaft und Arbeitswelt (BMWA)
Bundesarbeitsgemeinschaft für Familienmediation (BAFM)
Deutsche Gesellschaft für Mediation (DGM)
Deutsche Gesellschaft für Mediation in der Wirtschaft (DGMW)
Österreichischer Mediationsverband (ÖBM)
Schweizer Dachverband Mediation (SDM-FSM)
Weitere Vereinigungen, Vereine und Gesellschaften
Deutsche Stiftung Mediation
Deutsches Forum für Mediation (DFfM)
Centrale für Mediation
Fördergemeinschaft Mediation DACH
Förderverein Mediation im öffentlichen Raum (FMÖB)
MiKK – Mediation bei internationalen Kindschaftskonflikten
Round Table Mediation & Konfliktmanagement der Deutschen Wirtschaft
(RTMKM)
Verband der Baumediatoren
Verein integrierte Mediation
Zeitschriften
Die Mediation
Konfliktdynamik
Perspektive Mediation
Praxis Kommunikation
Spektrum der Mediation
Zeitschrift für Konfliktmanagement
Blogs u. a.
blog.beck.de/category/mediation
blog.mediation.de/
www.concadoraverlag.de/
www.marktplatz-mediation.de
www.mediation-berlin-blog.de
www.mediationaktuell.de
www.mediatorenshop.com

Was Sie aus diesem *essential* mitnehmen können

- Konflikte sind vielfältig und gehören zum Alltag. Sie bieten Entwicklungschancen und Fortschritt. Sachverhalte können effektiv gelöst, Beziehungen können geklärt und intensiviert werden.
- Mediation ist ein wissenschaftlich fundiertes Verfahren zur Konfliktklärung, das in vielen Bereichen eingesetzt werden kann. Die MediatorInnen sind allparteilich und für den Prozess verantwortlich. Die MediandInnen nehmen freiwillig am Prozess teil und sind für den Inhalt verantwortlich. Das Ziel einer Mediation ist eine von den Medianden selbst erarbeitete Win-win-Lösung.
- Mediation fördert eine konstruktive Konfliktkultur. Gerade in unserer heutigen multikulturellen Gesellschaft ist die Fähigkeit zur Toleranz und die Bereitschaft zur kompromissorientierten Konfliktlösung unerlässlich.

© Springer Fachmedien Wiesbaden GmbH 2017
C.D. Schäfer, *Einführung in die Mediation,* essentials,
DOI 10.1007/978-3-658-15883-5

Literatur

Alexander, N. (2004). *Mediation: Ein Metamodell.* perspektive mediation 2, S. 72–81.
Ballreich, R., Hüther, G. (o. J.). *Du gehst mir auf die Nerven! Neurobiologische Aspekte der Konfliktberatung.* Stuttgart: Concadora. (DVD)
Barth, G.; Böhm, B. (Hrsg.) (2015). *Einvernehmlich planen und bauen.* Stuttgart: Steinbeis-Edition.
Besemer, Ch. (6. Aufl. 1999). *Mediation. Vermittlung in Konflikten.* Königsfeld: Stiftung Gewaltfreies Leben.
Dulabaum, N. (5. Aufl. 2009). *Mediation: Das ABC. Die Kunst, in Konflikten erfolgreich zu vermitteln.* Weinheim: Beltz.
Duss-von Werdt, J. (Neuaufl. 2015). *homo mediator. Geschichte und Menschenbilder der Mediation.* Baltmannsweiler: Schneider.
Faller, D., Faller, K. (2014). *Innerbetriebliche Wirtschaftsmediation.* Frankfurt/M.: Metzner.
Fisher, R., Ury, W., Patton, B. (2000). *Das Harvard-Konzept. Sachgerecht verhandeln – erfolgreich verhandeln.* Frankfurt: Campus.
Freitag, S., Richter, J. (Hrsg.) (2015). *Mediation – Das Praxisbuch: Denkmodell, Methoden und Beispiele.* Weinheim: Beltz.
Friedman, G. (1996). *Die Scheidungsmediation.* Reinbek: Rowohlt.
Galtung, J. (1975): *Strukturelle Gewalt. Beiträge zur Friedens- und Konfliktforschung.* Reinbek. Rowohlt.
Glasl, F. (2011). *Konfliktmanagement. Ein Handbuch für Führungskräfte, Beraterinnen und Berater.* Stuttgart: Freies Geistesleben.
Hohmann, J., Morawe, D. (2. Aufl. 2012). *Praxis der Familienmediation.* Köln: Schmidt.
Ihde, K. (2012). *Mediation.* Freiburg: Haufe.
Kals, E., Montada, L. (3. Aufl. 2013). *Mediation. Psychologische Grundlagen und Perspektiven.* Weinheim: Beltz.
Klappenbach, D. (2. Aufl. 2011). *Mediative Kommunikation. Mit Rogers, Rosenberg & Co. konfliktfähig für den Alltag werden.* Paderborn: Junfermann.
Knapp, P. (Hrsg.). (2012). *Konfliktlösetools. Klärende und deeskalierende Methoden für die Mediations- und Konfliktmanagement-Praxis.* Bonn: managerSeminare.
Knapp, P. (Hrsg.). (2013). *Konflikte lösen in Teams und großen Gruppen.* Bonn: managerSeminare.
Köstler, A. (2010). *Mediation.* München: Reinhardt.
KPMG AG Wirtschaftsprüfungsgesellschaft (2009). *Konfliktkostenstudie.* Online einsehbar.

© Springer Fachmedien Wiesbaden GmbH 2017   55
C.D. Schäfer, *Einführung in die Mediation,* essentials,
DOI 10.1007/978-3-658-15883-5

Lenz, C.; Salzer, M.; u. a. (2010). *Konflikt, Kooperation, Konsens.* Berlin: Leutner.

Mayer, C.-H. (2008). *Trainingshandbuch Interkulturelle Mediation und Konfliktlösung.* Münster u.a.: Waxmnn.

Pühl, H. (Hrsg.) (2012). *Konflikte in Klinik, Praxis und Altenpflege.* Berlin: Leutner.

Prior, M. (8. Aufl. 2009). *MiniMax-Interventionen. 15 minimale Interventionen mit maximaler Wirkung.* Heidelberg: Carl-Auer.

Rosenberg, M. (2003). *Gewaltfreie Kommunikation. Aufrichtig und einfühlsam miteinander sprechen.* Paderborn: Junfermann.

Schäfer, Ch., Götz, M. (2008). *Mediation im Gemeinwesen.* Baltmannsweiler: Schneider.

Schulz von Thun, F. (2014). *Miteinander reden* 1-4. Reinbek: Rowohlt.

Thomann, Ch., Schulz von Thun, F. (1999). *Klärungshilfe.* Reinbek: Rowohlt.

Walker, J. (5. Aufl. 2005). *Mediation in der Schule.* Berlin: Cornelsen.

Watzlawick, P. (2005). *Anleitung zum Unglücklichsein.* München: Piper.

Watzlawick, P., Beavin, J.H., Jackson, D.D. (8. Aufl. 1990). *Menschliche Kommunikation. Formen, Störungen, Paradoxien.* Bern u. a.: Huber.

Watzlawick, P. (2005). *Wie wirklich ist die Wirklichkeit.* München: Piper.

Weckert, A., Bähner, C., Oboth, M., Schmidt, J. (2011). *Praxis der Gruppen- und Teammediation. Die besten Methoden und Visualisierungsvorschläge aus langjähriger erfolgreicher Mediationstätigkeit.* Paderborn: Junfermann.

Printed in the United States
By Bookmasters